21世纪立体化高等院校规划教材·经管系列

新编会计综合实训

（第2版）

原晓燕　主　编
王　莉　蔡雪迎　副主编

U0833127

電子工業出版社
Publishing House of Electronics Industry
北京·BEIJING

内容简介

本书根据新会计准则编写，设计了吉利电器有限公司2013年12月份发生的经济业务。学生在该公司的组织机构和内部会计核算制度的基础上，按照给定的经济业务，自己动手依次填制原始凭证，编制记账凭证，登记账簿，进行成本核算，编制会计报表，在计算机上把手工凭证输入会计软件系统，再生成电算化的会计报表，其仿佛置身于公司的实际会计部门，从而对会计工作的全过程有一个清晰、直观的了解和把握。全书共分5章，即会计综合实训的程序与要求、成绩考核办法和学时分配及实训所需资料、公司基本情况、会计综合实训资料、电算化实训。

本书可作为高等院校会计综合实训或实验的教材，也可作为培训机构的培训教材及初学会计人员的参考资料。

图书在版编目（CIP）数据

新编会计综合实训 / 原晓燕主编. -- 2版. -- 北京：电子工业出版社，2014.5

21世纪立体化高等院校规划教材. 经管系列

ISBN 978-7-121-23119-3

Ⅰ. ①新…　Ⅱ. ①原…　Ⅲ. ①会计学—高等学校—教材　Ⅳ. ①F230

中国版本图书馆CIP数据核字（2014）第087025号

策划编辑：贾瑞敏　张思博

责任编辑：贾瑞敏　　　特约编辑：胡伟卷

印　　刷：三河市华成印务有限公司

装　　订：三河市华成印务有限公司

出版发行：电子工业出版社

北京市海淀区万寿路173信箱　邮编　100036

开　　本：787×1 092　1/16　印张：13.25　　字数：330千字

版　　次：2010年8月第1版

2014年5月第2版

印　　次：2015年7月第2次印刷

印　　数：2 000册　　定价：29.00元

凡所购买电子工业出版社图书有缺损问题，请向购买书店调换。若书店售缺，请与本社发行部联系，联系及邮购电话：（010）88254888。

质量投诉请发邮件至zlts@phei.com.cn，盗版侵权举报请发邮件至dbqq@phei.com.cn。

服务热线：（010）88258888。

第2版前言

会计本科教育最重要的内容是培养学生的动手能力和实际操作能力，以适应学生毕业后的会计工作岗位要求。随着会计学科的发展、技术的进步，会计专业的教学改革也在不断推进，会计学科的特点决定了学生不方便到实际工作中去实习，这就需要在学校做一个与实际会计工作非常接近的综合实训，以使学生对企业中的会计工作有一个全方位的把握。因此，在2010年8月我们这个编写小组编写了《新编会计综合实训》一书，该书出版后得到了广大读者的关注与认可。随着经济的不断发展，近几年又有一些新的会计准则解释相继出台，税法也出现了一些新变化，为了更好地适应经济形势的发展和教学改革的要求，我们对《新编会计综合实训》做了重要的修改与补充，力求做到全面、系统、真实、新颖，并具有操作性和实用性强的特点。修订后的教材具有以下特点。

1. 实用性强。从教学层面上，各个学校为了深化教学方式的改革，整合课程，都在不同程度地减少总的教学时数，为此本教材的业务从原来的100笔减少到95笔。从原来的资料介绍和原始凭证分开排列，改成资料介绍和原始凭证放在一起，体现了会计岗位处理业务的真实感。

2. 仿真性高。设计的业务以企业常见的业务为主线，包括采购、生产、销售、投资、融资、成本结转、报税、利润分配等，体现了高度的仿真性。

3. 综合性好。从手工做账到电算化，从建账到做凭证、登账簿、出报表，一整套的操作使学生深刻地了解了企业会计工作的全过程，加深了其对理论知识的理解和掌握。

4. 结构合理。修订后的教材改变了传统的章节结构，设计成5章，首先是程序和要求，其次是考核方法，再次是公司的基本情况及1个月的日常经济业务，最后是电算化实训，简洁实用，贴近实际。

5. 适用面广。本教材主要适用于本科学生的毕业前会计综合实训，也可供大专层次学生及自学者使用。

本教材由原晓燕担任主编，并负责统稿；王莉、蔡雪迎担任副主编。具体修订分工为：第一、二、三章由原晓燕（海南大学经管学院）执笔；第四章由原晓燕、王莉（海南大学经管学院）共同执笔；第五章由蔡雪迎（陕西科技大学镐京学院）执笔。

本教材的编写教师均是教学第一线的“双师型”教师，有多年的教学经验及实际工作经验，在编写过程中参考了同类教材，走访了多家企业，也得到了电子工业出版社的大力支持和帮助，在此表示深深的感谢！由于水平和学识所限，书中难免有疏漏之处，恳请读者批评指正。

编　者

特别说明：

本实训资料中所涉及的单位、地址、电话、税务登记证号及人名等皆为虚构，产品所用材料及成本计算程序都已经过加工提炼，仅供教学使用，如有雷同，纯属巧合！

第1版前言

应用型本科教育的最主要特点是，培养学生的动手能力和实际操作能力，以适应学生毕业后的岗位要求。因此，本教材在编写过程中力求做到全面、系统，真实、新颖，具有操作性和实用性强的特点。

会计专业学生的实习，由于实习内容涉及一个单位的商业秘密，在市场竞争十分激烈的社会中，联系大量的企业、事业单位，让大批的学生去实习几乎是不可能的，而且时间上也不能保证，还会给工作单位带来极大的不便，因此，学生在顶岗实习前的校内模拟实训就显得尤为重要。本教材正是为了解决学生顶岗实习前的会计实务处理能力和综合分析能力训练而编写的。其特色有：一是在原始凭证送达企业后，凡需要由本单位相应会计岗位填制的自制原始凭证，不便于表述的项目已经填在原始凭证内，其余空白处都需要由会计人员自行填制或加盖相关印章，这样就增加了会计岗位处理业务的真实感；二是设计的业务以企业常见的业务为主线，配合设计了现实工作中最新而又与学生关联最为密切的业务；三是将手工账与电算化账充分结合，充分考虑了学生对将来工作的适应性；四是以提示的方式对学生进行指导和分析，这对于初学者和自学者无疑是极大的帮助。因此，本教材主要适用于应用型本科学生的毕业前会计综合实训，也可供大专层次及自学者自学使用。

本教材要求学生在实训指导老师的引导下，利用所学知识对所发生的会计业务先进行手工处理和分析，然后再用财务软件进行处理。这样，学生既可以熟悉、巩固会计处理的基本原理及技术，可以在中小企业胜任工作，又可以掌握现代的电算化手段，在技术装备比较先进的大型单位胜任工作。

本教材由原晓燕任主编，宋海彬、许福琴、王莉任副主编。具体编写分工是：第一章、第二章由原晓燕（海南大学应用科技学院）编写；第三章、第四章由宋海彬（黑龙江科技学院经济管理学院）、许福琴（大连理工大学城市学院管理学院）、王莉（海南大学应用科技学院）、原晓燕共同编写；第五章由原晓燕编写；答案部分由王莉编写。全书由原晓燕统稿。本书光盘由陈凌、时凯、王云飞、周如意、陈欣、甘孝检开发。

在此对给予该教材出版大力支持和帮助的同志们表示感谢！由于水平和学识所限，书中难免有疏漏之处，恳请读者不吝指正。

编　者

特别说明：

本实训资料中所涉及的单位、地址、电话、有关纳税登记证号码以及人名等皆为虚构，产品所用材料及成本计算程序都已经过加工提炼，仅供教学使用，如有雷同，纯属巧合！

目 录

第一章
会计综合实训的程序与要求

一、会计综合实训的组织

会计综合实训的组织运作可采用混岗运作和分岗运作两种方式。

1. 混岗运作方式

混岗运作方式要求每位实习学生单独完成（或者两个学生为一组共同完成）全部会计模拟实训内容。这种方式的优点是：可以让学生在整个实训过程中，得到对各项专业技能的系统的、全面的掌握；而且，在人数多的情况下，便于组织学生集中实习。其缺点是：首先，不能使学生感受到实际工作中会计机构各岗位的业务分工和内部牵制制度，以及会计凭证在各岗位之间的传递过程；其次，在这一运作方式下，学生的工作量大，耗用时间长。

2. 分岗运作方式

分岗运作方式要求对实习学生分组，在每一组内按照会计机构内部各岗位分工情况进行分岗操作。这样，学生就能在实习过程中熟悉、明确各会计岗位的基本职责，掌握各类经济业务的账务处理过程及原始单据和其他会计凭证在各会计岗位之间的传递程序和方式；同时，也能了解到财务部门与企业内部其他单位和外部有经济业务往来的各有关单位的财务关系，以及相关经济业务的账务处理方法，使学生有身临其境的感受，直观性、真实性强。以上是这一运作方式的优点所在。其缺点是：这种运作方式在实训过程中组织难度较大，而且学生对实训内容的全面了解和掌握程度明显低于混岗运作方式。

为了提高分岗运作的教学效果，可采取岗位轮换的办法。具体办法如下：按照现代企业对会计职业岗位的要求，专门设置财务部经理、出纳、总账会计、成本会计和往来会计5个职业岗位，分别让不同的学生担任并实行岗位轮换，轮换的时间根据实训内容的完成情况或实训学时来安排，每3~5天轮岗一次。岗位轮换示意如图1.1所示。

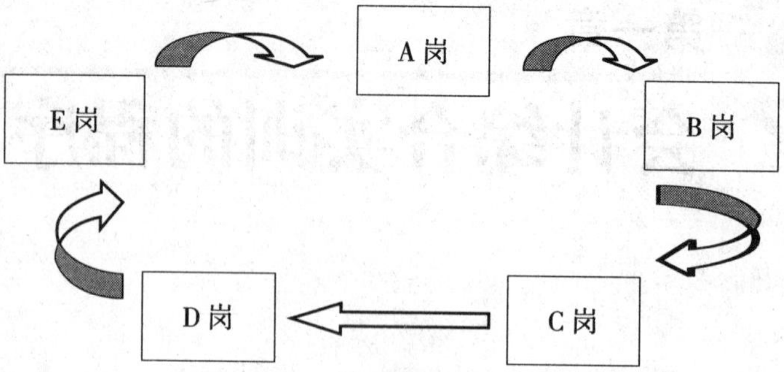

图1.1　岗位轮换示意

图中，A岗为财务经理岗位；B岗为总账会计岗位；C岗为往来会计岗位；D岗为成本会计岗位；E岗为出纳岗位。

近年来，计算机作为处理信息高速化的工具已在会计工作中得到普遍应用。新时期的会计人员不仅要掌握各种会计理论和方法，还要熟悉计算机操作及相关财务软件的使用。同时，为了能够将电算化会计实训与手工操作两种运作方式进行有机结合，在采用手工操作与电算化会计相结合的运作方式时，还有两种实训组织运作方式可供选择：一是混岗式的手工操作与分岗式的电算化会计相结合；二是分岗式的手工操作与混岗式的电算化会计相结合，这两种结合都能取得较好的实训效果。

二、会计综合实训的程序

1. 手工实训程序

1）选择不同格式的账页，练习建账（为节省账页，每张账页正反可各设1个账户，并将期初余额逐笔登记到各日记账、明细账及总账中，并认真进行核对）。

2）根据经济业务的要求或提示，填制、审核原始凭证，然后根据审核无误的原始凭证编制记账凭证。记账凭证可以采用收款凭证、付款凭证和转账凭证等专用记账凭证，也可以采用通用记账凭证。

3）根据审核无误的收款凭证和付款凭证登记现金日记账和银行存款日记账。

4）根据审核无误的收、付、转记账凭证及所附的原始凭证或原始凭证汇总表登记各种明细账。

5）根据审核无误的记账凭证，每10天汇总1次，编制科目汇总表，并据此登记总账。

注：在企业实际工作中，如果业务量少，则在月末将所有凭证编制在1个科目汇总表中；如果业务量较多，则按几十个凭证号为1个单位编制科目汇总表，如1～30、31～60、61～90等。

6）期末，在全部经济业务入账后进行结账工作，计算各账户的本期发生额和期末余额，并进行试算平衡。

7）将总账及有关明细账、日记账等进行核对。

8）根据总账和明细账中的有关记录编制会计报表。

9）进行增值税的纳税申报，填写纳税申报表。

10）进行财务评价，并写出书面分析报告。

11）在实训结束后，将各种记账凭证连同所附的原始凭证或原始凭证汇总表按编号排序，分订成两册；将各种账簿按不同格式排序整理装订成册；把凭证、账簿、报表、实训报告等所有资料交给指导老师。

2. 会计电算化实训程序

1）在了解企业特点、熟悉企业核算要求的基础上进行基础信息整理，包括财务人员实际权限的规划与划分，各种基础档案数据的归纳与编码设置，各模块参数的设置等。

2）根据整理好的资料进行账套建立、操作员设置、财务分工、基础档案输入、各模块启用及参数设置等。

3）根据经济业务的要求或提示，找到或填制原始凭证（手工填制），然后根据审核无误的原始凭证在会计电算化系统中进行凭证处理（包括记账凭证的填制、审核、记账等）。

4）各月度所发生的经济业务全部入账后，通过期末转账定义和转账生成进行有关账户的计提、分摊和结转。

5）进行对账和结账。

6）进行会计报表的定义与生成。

7）进行数据备份，将账套数据交给指导教师。

8）将手工实训和电算化实训的结果进行对比，比较差异，体会手工和电算化操作的优缺点。

三、会计综合实训的要求

1. 手工实训要求

（1）完全按照实际会计部门组织会计核算的程序、方法和所使用的账、证、表来组织会计模拟技能训练，使其更具有真实感。

（2）在实施技能训练时，必须按照制度规定用蓝色或黑色墨水填制凭证、登记账簿和编制报表，不得随意用红笔记录。

（3）会计数码字书写要符合要求，发现制证、登账和结账过程中有记账错误时，必须用正确的方法予以更正。

（4）技能训练中应使用统一的计算工具，以计算器作为主要计算工具。

（5）记账凭证按现金、银行存款、转账凭证分类并按序号装订，科目汇总表列入其中，分别装订成两册。装订前要加上封面、封底，注明单位名称、年度、月份和起讫日期、编号，并由装订人签名或盖章。

（6）每册会计账簿都要加扉页和封面，明细账按科目编号和账页顺序贴好口取纸，装订成册；日记账、总账等订本账要填好封面内容，注明单位名称、年度、月份等内容。

（7）要求每人写1份实训报告，总结在手工实训中的体会，并提出需要改进和注意的问题。

（8）必须独立完成，严禁转抄。

2. 电算化实训要求

（1）完全按照实际工作中财务部门的会计核算流程进行操作，严格遵守财务分工。

（2）基础档案的设置要符合企业核算要求，并体现会计电算化数据处理的特点。

（3）对于规律性较强的期末业务尽量采用期末自动转账方式来完成。

（4）必须独立完成，严禁复制他人数据。

四、基本会计岗位职责

1. 总会计师职责

大中型企事业单位、业务主管部门可设置总会计师，其岗位的职责包括：编制与执行预算、财务收支计划和信贷计划，拟订资金筹措和使用方案，开辟财源，有效地使用资金；进行成本费用预测、计划、控制、核算、分析和考核，督促本单位有关部门降低消耗、节约费用、提高经济效益；建立健全经济核算制度，利用财务会计资料进行经济活动分析；承办单位主要行政领导人交办的其他工作；负责对本单位财会机构的设置和会计人员的配备、会计专业职务的设置和聘任提出方案；组织会计人员的业务培训和考核；支持会计人员依法行使职权；协助本单位主要行政领导人对企业的生产经营、行政事业单位的业务发展，以及基本建设投资等问题做出决策。

2. 会计机构负责人或会计主管职责

会计机构负责人或会计主管岗位的职责包括：领导本单位的财务会计工作；组织制定和贯彻执行本单位的财务会计制度；组织编制本单位的各项财务、成本计划；组织开展财务成本分析；审查或参与拟定经济合同、协议和其他经济文件；负责向本单位领导、职工代表大会报告财务状况和经营成果；审查对外报送的财务会计报告；组织本单位会计人员的学习、考核，参与本单位会计人员的任免和调动。

3. 出纳职责

出纳岗位的职责包括：办理现金收付和银行结算业务，办理支付业务必须经过主管领导的审核；登记现金日记账和银行存款日记账；现金要日清月结；编制银行存款余额调节表并及时核实、查询；保管库存现金和各种有价证券；保管有关印章、空白收据和空白发票。

4. 财产物资核算职责

财产物资核算可分为固定资产核算、材料物资核算、库存商品核算等。

固定资产核算岗位的职责包括：会同有关部门拟定固定资产的核算、管理办法，编制固定资产目录并分类、编号；负责固定资产的明细核算，定期核对，做到账、卡、物相符；监督固定资产的购置、调入、内部转移、更新改造、租赁、封存、调出、盘点等；计提固定资产折旧和大修理基金；分析固定资产的使用状况，提高固定资产的利用率。

材料物资核算岗位的职责包括：会同有关部门拟定材料物资的核算、管理办法；审查材料物资的采购、用款计划，控制材料采购成本；负责材料物资的明细核算和有关的往来结算业务；编制并及时修订材料计划成本价格，为准确核算成本提供依据；分析材料物资库存的储备、消耗情况，配合有关部门制定材料物资消耗定额和完善材料物资管理制度；定期盘点材料物资，进行盘盈、盘亏和报废材料的账务处理工作。

库存商品核算岗位的职责包括：会同有关部门编制库存商品计划成本目录；负责库存商品的明细分类核算；配合有关部门制定库存商品的最低、最高限额；监督库存商品的清查盘点。

5. 工资核算职责

工资核算岗位的职责包括：监督工资基金的使用，按规定提取各项保险基金、补贴，并足额上交；审核发放工资、奖金；负责工资的明细核算；负责工资分配的核算；计提工会经费等费用。

6. 成本费用核算职责

成本费用核算岗位的职责包括：拟定成本核算办法；制订成本费用计划；负责成本管理的基础工作，即会同生产经营部门，建立健全各项原始记录、计划管理、计量检验等制度；负责核算产品成本和期间费用；编制成本、费用报表并进行成本、费用的分析和考核。

7. 财务成果核算职责

财务成果核算岗位的职责包括：负责编制收入、利润计划；办理销售款项结算业务；负责收入和利润的明细核算；编制收入和利润报表；协助有关部门对产成品进行清查盘点。

8. 资金核算职责

资金核算或资金管理岗位的职责包括：拟定资金管理和核算办法；编制资金收支计划；负责资金调度，组织资金供应，考核资金使用效果；负责资金筹集的明细分类核算；负责各项投资的明细分类核算；进行流动资产盘盈、盘亏、毁损的账务处理。

9. 往来结算职责

往来结算岗位的职责包括：建立往来款项结算手续制度；办理往来款项的结算业务；负责往来款项结算的明细核算。

10. 总账报表职责

总账报表岗位的职责包括：登记总分类账；编制资产负债表、利润表、现金流量表等有关财务会计报表；分析资金来源、占用和债权债务情况；管理会计凭证、账簿和报表。

11. 稽核职责

稽核岗位的职责包括：审核财务成本计划，即审核各项计划指标的计算是否正确，指标之间是否衔接平衡；审核各项财务收支；复核会计凭证和财务会计报表。

12. 档案管理职责

档案管理岗位的职责包括：整理、归档、装订和暂时保管当年（1年）形成的会计档案，并编制会计档案保管清册；编制会计档案移交清册，办理向档案机构移交的手续。

当年形成的会计档案，在会计年度终了后，可暂由会计机构保管1年，期满后，应当由会计机构编制移交清册，移交本单位档案机构统一保管；未设立档案机构的，应当在会计机构内部指定专人保管，出纳人员不得兼管会计档案；按批准程序提供会计档案的查阅或复制；建立健全会计档案查阅、复制登记制度。

13. 电算主管或系统管理职责

电算主管或系统管理岗位可由会计主管兼任。其岗位的职责包括：负责协调计算机及会计电算化系统的运行工作；负责建立账套；负责设置会计人员账号并进行财务分工；负责会计电算化系统的初始化工作；负责系统的备份与恢复。

14. 软件操作职责

软件操作岗位可由各基本会计工作岗位人员兼任。其岗位的职责包括：负责输入记账凭证和原始凭证等会计数据；进行部分会计数据处理工作；输出记账凭证、会计账簿、报表；查询相关会计信息。

15. 审核记账职责

审核记账岗位的职责包括：负责对输入计算机的会计数据（记账凭证和原始凭证等）进行审核；负责登记机内账簿；负责对打印输出的账簿、报表进行确认。此岗位也可由会计主管兼任。

16. 电算维护职责

电算维护岗位的职责包括：负责保证计算机硬件、软件的正常运行。

17. 电算审查职责

电算审查岗位的职责包括：负责监督计算机及会计软件系统的运行，防止利用计算机进行舞弊。此岗位可由会计稽核人员兼任。

18. 数据分析职责

数据分析岗位的职责包括：负责对计算机内的会计数据（财务状况和经营成果等）进行综合分析，提出改进经营管理的措施建议；编写财务情况说明书，说明报告期内财务收支情况和生产经营成果。此岗位可由会计主管兼任。

第二章

成绩考核办法和学时分配及所需资料

一、成绩考核办法

成绩考核办法如表2.1所示。

表2.1　成绩考核办法

项　目	考核要点	考核标准	得　分	满　分
内容正确性	凭证填制和审核 账簿记录 会计报表编制 会计档案整理	2%以下错误 2%~5%错误 5%~10%错误 10%以上错误	51~60 45~50 36~44 0~35	60
书写规范性	书写是否正确 书写是否规范 书写是否清晰 书写是否整洁 书写是否美观	正确、规范、清晰、整洁、美观 正确、规范，较为整洁、美观 基本正确、规范、整洁、美观 欠缺正确、规范、整洁、美观	5 4 3 0~2	5
实训报告质量	内容是否完整 重点是否突出 表达是否流畅 是否自己观点	内容完整，重点突出，语言流畅 内容完整，重点不突出，语言较流畅 内容欠完整，重点不突出，语言较流畅 内容不完整，重点不突出，语言不流畅	6~7 4~5 2~3 0~1	7
出勤情况	出勤率及学习态度	满勤，态度好 缺勤10%以内，态度好 缺勤20%以内，态度较好 缺勤20%以上，态度不好	7~8 5~6 3~4 0~2	8
计算机做账	出勤率及学习态度	满勤，态度好，计算机输入正确率高 缺勤10%以内，态度好，计算机输入正确率较高 缺勤20%以内，态度较好，计算机输入经常出错 缺勤20%以上，态度不好，计算机输入经常出错	18~20 16~17 10~15 0~9	20

对表2.1所列的考核指标做如下说明。

1. 内容正确性

内容正确性是指原始凭证填制要素是否齐全、正确，审核是否到位；记账凭证要素是否齐全，会计分录是否正确，手续是否完备；账簿启用、登记、错账更正是否按规定的要求进行处理；会计报表编制是否正确；是否按规定的要求装订会计档案等。

2. 书写规范性

会计书写的基本规范要求为：正确、规范、清晰、整洁、美观。

（1）正确。对发生的经济业务，用数字和文字的形式完整、准确地记录下来是会计书写的基本前提。只有完整地记录经济业务全过程、内容、结果，书写才有意义。

（2）规范。会计书写应符合财会法规及会计制度的有关规定，要严格按照书写格式书写，即以国务院公布的简化汉字为标准，阿拉伯数字按规范要求书写。

（3）清晰。字迹清楚，容易辨认，无模糊不清之感。

（4）整洁。账面干净、清洁，文字、阿拉伯数字、表格清晰；书写字迹端正均匀，无参差不齐及涂改现象；错账按规定方法更正。

（5）美观。会计书写除准确、规范、整洁外，还要尽量使结构安排合理，字迹流畅、大方，给人以美感。

3. 实验报告质量

实验报告的内容应完整，即应包括实验内容和主要过程的描述，对实验的认识和感受及对实验资料、实验组织和实验管理提出相应的建议；语言应流畅。

二、学时分配

学时分配如表2.2所示。

表2.2　学时分配

内　容	学　时	备　注
建账	5	课内不够
凭证的填制与审核	30	课内不够
登记账簿	20	含对账、结账
编制报表	10	含试算平衡
资料的整理与装订	5	
上机操作	20	
合　计	90	

三、实训所需资料

实训所需资料如表2.3所示。

表2.3　实训所需资料

实训用纸	数　量	实训用纸	数　量
收款凭证	2本	数量金额式明细账页	10张
付款凭证	1本	十三栏明细账页	10张
转账凭证	3本	三栏式明细账簿	1本
凭证封面	2张	材料采购明细账页	10张
总账账簿	1本	生产成本明细账页	10张
现金日记账页	4张	试算平衡表	5张
银行存款日记账页	4张	会计报表	1套
增值税明细账页	4张		

第三章 公司基本情况

一、公司概况

江州市吉利电器有限公司创建于2011年，注册资本8 500万元，由胡枫、王明强、李子龙合资兴建，是生产A、B两种家电产品的制造型企业，占地面积4万m^2，年产量超过10万件，员工500人。具体资料如下：

（1）单位名称：江州市吉利电器有限公司；

（2）单位地址：江州市幸福路129号；

（3）单位电话：31586889；

（4）开户行：工行江州市分行；

（5）账号：5918336544786991899；

（6）税务登记证号：6188991549617866115。

二、组织机构

公司的组织机构如图3.1所示。

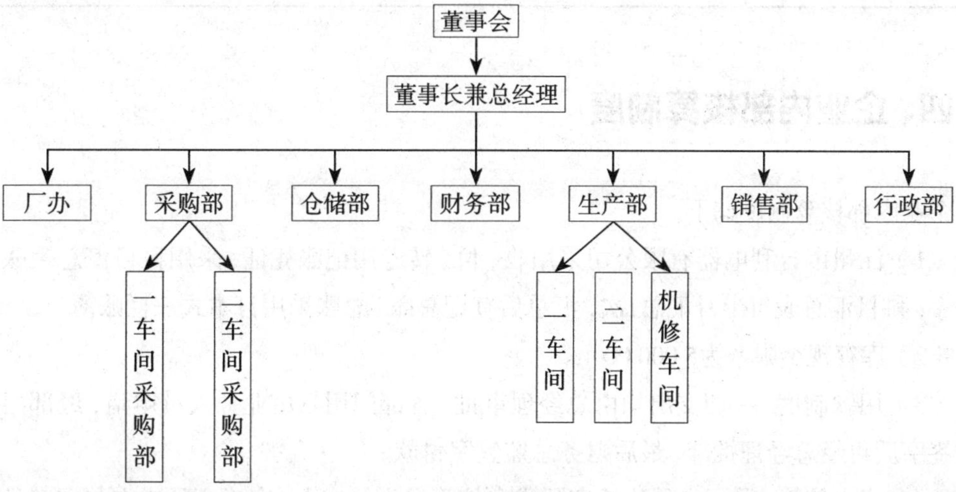

图3.1　组织机构

三、组织机构人员配备

组织机构人员配备如表3.1表示。

表3.1　组织机构人员配备

姓　名	部　门	职　务	备　注
胡枫	厂办	总经理	负责全面管理
王成	厂办	副总经理	负责生产、科研开发
张洪明	厂办	副总经理	负责采购、销售
丁一	行政部	主任	
毛谷	行政部	文员	
代保珍	财务部	总监	
李民	财务部	财务主管	
李文海	财务部	会计	
周州	财务部	出纳	
李群	财务部	会计	成本核算
彭智	销售部	主任	
王赐中	采购部	主任	
林超	采购部	采购员	
黄连素	生产部	车间主任	一车间
刘维	生产部	车间主任	二车间
张有宝	仓储部	主任	
王金光	仓储部	保管员	
王峰	仓储部	保管员	
申兰	仓储部	主管	
黎明	维修部	主任	机修车间

四、企业内部核算制度

企业内部核算制度如下。

（1）江州市吉利电器有限公司采用收、付、转专用记账凭证；采用科目汇总表账务处理程序；科目汇总表每半月汇总1次，汇总后登记总账。总账采用订本式三栏账簿。

（2）库存现金限额为5 000.00元。

（3）用款制度。一切支出均由总经理审批。各部门用款由业务人员申请，经部门经理审核签字后再经总经理批准，最后财务总监签字付款。

（4）成本核算。采用品种法按实际成本核算发生的成本；完工产品成本与在产品成本按约当产量法进行核算；有两个生产车间，其中一车间只生产A产品，二车间只生产B产品；另有机修车间负责维护机器设备。机修车间发生的费用在月末按耗用的实际工时分配给各车间和管理部门，辅助生间车间的制造费用不通过“制造费用”账户核算；车间制造费用按车间分别转入A产品和B产品的成本中。

（5）存货核算。生产A、B两种产品需要甲、乙材料，C自制半成品和D材料。甲、乙两种材料的发出采用计划成本核算，存货按月末一次加权平均法计价。D材料由委托江州第二拉丝厂加工的C自制半成品加工而成，只用于B产品的生产，按实际成本核算。材料一次投入产品生产。低值易耗品采用一次摊销法核算；包装物采用一次摊销法核算。

（6）成本费用明细账按费用项目设专栏。生产成本明细账的成本项目有直接材料、直接人工和制造费用；制造费用的费用项目有工资、福利费、办公费、差旅费、运输费、折旧费、修理费、劳保费及其他；管理费用的费用项目有工资、福利费、办公费、差旅费、运输费、折旧费、业务招待费、职工教育经费、工会经费、修理费、劳保费及其他；财务费用的费用项目有利息支出、手续费和汇兑损失。

（7）固定资产按月计提折旧。折旧采用直线折旧法，净残值率5%，折旧率保留2位小数。使用年限：房屋30年，机器设备10年，运输工具5年，计算机设备4年。

（8）薪酬管理。员工薪酬包括基本工资、岗位津贴、奖金等。按基本工资、岗位津贴、奖金等之和的8%、3%、5%代扣代交个人养老保险、医疗保险和住房公积金；企业按20%计交职工养老保险，按8%计交医疗保险，按1%计交工伤保险，按2%计交失业保险，按5%计交住房公积金。从2008年1月1日起，工会经费、职工教育经费、应付福利费不计提，按实际发生额摊销，但不得超过2%、2.5%、14%的计提比例。个人所得税的计提参照税法。

（9）税金及附加。本企业为一般纳税人，增值税、城建税、教育费附加按月交纳。所得税税率为25%，按季预交，年底汇算清缴。房产税税率为1.2%，扣除率为30%。车船使用税为：客车每辆年税额180元，货车每吨位年税额60元。土地使用税为2元/（m^2·年），按年交纳。

（10）年末按应收账款余额的5%计提坏账准备；按采用成本与可变现净值孰低法计提存货跌价准备。

（11）年末按净利润的10%、5%计提法定盈余公积和任意盈余公积，根据董事会决议分配股东利润。

第四章 会计综合实训资料

本章详细阐述江州市吉利电器有限公司2013年12月份的基本经济业务。通过对本章的学习，应掌握企业的基本经济业务的核算，仔细填写原始凭证和记账凭证，登记各种账簿，进行成本核算，科学编制各种会计报表。

一、会计综合实训期初建账资料

江州市吉利电器有限公司2013年11月30日的有关资料如下。

（1）2013年1—11月累计发生额及期末余额如表4.1所示。

表4.1　累计发生额及期末余额

元

科目编号	总账科目	年初余额	借方累计数	贷方累计数	借方余额	贷方余额
1001	库存现金	2 000.00	3 501 930.00	3 502 544.24	1 385.76	
1002	银行存款	83 080.00	50 259 108.97	45 735 607.19	4 606 581.78	
1101	交易性金融资产	523 000.00	300 000.00	704 600.00	118 400.00	
1121	应收票据	450 000.00		450 000.00		
1122	应收账款	1 237 628.48	3 875 600.00	4 298 371.70	814 856.78	
1123	预付账款	85 200.00	100 800.00	95 420.00	90 580.00	
1221	其他应收款	5 000.00	58 000.00	0	63 000.00	
1231	坏账准备	−93 625.00	96 500.00	7 000.00		4 125.00
1401	材料采购	641 069.00	35 904 750.00	36 545 819.00		
1403	原材料	1 857 208.83	4 256 230.00	5 689 438.83	424 000.00	
1404	材料成本差异	5 800.00	87 000.00	76 021.00	16 779.00	
1405	库存商品		85 637 890.00	84 769 177.41	868 712.59	
1410	自制半成品	12 000.00	358 200.00	349 061.88	21 138.12	
1411	周转材料	6 930.00	108 450.00	90 360.00	25 020.00	
1471	存货跌价准备	−1 000.00		−1 000.00		
1511	长期股权投资	280 000.00			280 000.00	
1502	持有至到期投资	640 000.00			640 000.00	

（续表）

科目编号	总账科目	年初余额	借方累计数	贷方累计数	借方余额	贷方余额
1601	固定资产	3 448 824.82	445 368.44	250 000.00	3 644 193.26	
1602	累计折旧	–150 000.00	98 600.00	143 968.44		195 368.44
1701	无形资产		120 000.00		120 000.00	
1702	累计摊销			1 000.00		1 000.00
1604	在建工程		854 001.24	295 368.44	558 632.80	
5002	生产成本	57 721.52	48 029 532.00	48 029 532.00	57 721.52	
5101	制造费用		11 958 400.00	11 958 400.00		
2201	应付票据		378 000.00	548 000.00		170 000.00
2202	应付账款		15 987 300.00	16 070 954.85		83 654.85
2203	预收账款		600 000.00	640 000.00		40 000.00
2241	其他应付款		254 300.00	273 361.60		19 061.60
2211	应付职工薪酬		12 543 900.00	12 600 085.12		56 185.12
2221	应交税费		8 624 810.00	8 657 152.12		32 342.12
2001	短期借款			58 000.00		58 000.00
2501	长期借款			1 200 000.00		1 200 000.00
4001	实收资本	8 500 000.00				8 500 000.00
4101	盈余公积	351 481.37				351 481.37
4103	本年利润		6 208 311.56	7 608 738.39		1 400 426.83
4104	利润分配	239 356.28				239 356.28
6001	主营业务收入		7 571 404.39	7 571 404.39		
6051	其他业务收入		5 300.00	5 300.00		
6111	投资收益		28 234.00	28 234.00		
6301	营业外收入		4 800.00	4 800.00		
6401	主营业务成本		4 145 800.00	4 145 800.00		
6403	营业税金及附加		162 719.27	162 719.27		
6402	其他业务成本		2 300.00	2 300.00		
6601	销售费用		215 000.00	215 000.00		
6603	财务费用		5 124.67	5 124.67		
6602	管理费用		1 192 811.34	1 192 811.34		
6711	营业外支出		17 414.00	17 414.00		
6801	所得税费用		467 142.28	467 142.28		
	合　计	18 181 675.30	256 435 500.20	256 435 500.20	12 351 001.61	12 351 001.61

（2）2013年11月30日资产类账户明细账余额如表4.2所示。

表4.2　资产类账户明细账余额

元

总　账	明细账	数　量	单　价	借方金额
库存现金				1 385.76

（续表）

总　账	明细账	数　量	单　价	借方金额
银行存款				4 606 581.78
交易性金融资产	琼金盘股票			61 300.00
	新大洲债券			57 100.00
应收账款	河南无线电厂			15 000.00
	南京无线电厂			100 000.00
	河南商丘无线电设备公司			39 770.00
	吉林电器厂			302 156.78
	广州电器厂			357 930.00
坏账准备				−4 125.00
预付账款	河北唐山有色金属材料公司			50 000.00
	广州五金有限公司			36 980.00
	报刊费			100.00
	修理费			1 500.00
	财产保险费			2 000.00
其他应收款	本公司技术部备用金			30 000.00
	本公司物资部备用金			18 000.00
	黄力佳			15 000.00
原材料	甲材料	23 000千克	11.00	253 000.00
	乙材料	19 000千克	9.00	171 000.00
材料成本差异	甲材料成本差异			11 286.82
	乙材料成本差异			5 492.18
库存商品	A产品	4 700件	108.77	511 237.26
	B产品	3 600件	99.30	357 475.33
自制半成品	C自制半成品	700件	30.20	21 138.12
周转材料	低值易耗品（工作服）	150件	118.00	17 700.00
	低值易耗品（手套）	300副	3.60	1 080.00
	包装物（铁盒）	48个	130.00	6 240.00
长期股权投资				280 000.00
持有至到期投资	南昌制药厂——债券投资（面值）			200 000.00
	沈阳电厂——债券投资（面值）			400 000.00
	沈阳电厂——债券投资（应计利息）			40 000.00
固定资产	一车间——房屋及建筑物——一号厂房			940 160.18
	一车间——机器设备——A生产设备			509 754.26
	二车间——房屋及建筑物——二号厂房			641 902.77
	二车间——机器设备——B生产设备			451 816.84
	机修车间——房屋及建筑物——三号厂房			286 601.35
	机修车间——机器设备——机修设备			93 614.21
	厂部——房屋及建筑物——办公楼			720 343.65
无形资产	专利权			120 000.00
累计摊销				1 000.00
在建工程	铣床			231 904.51
	仓库			326 728.29
生产成本	基本生产成本（A产品）	400件	78.05	31 219.45
	基本生产成本（B产品）	500件	53.00	26 502.07

（3）2013年11月30日固定资产明细如表4.3所示。

表4.3 固定资产明细 元

资产名称	原 值	累计折旧	净 值
一号厂房（一车间）	940 160.18	34 221.88	905 938.30
二号厂房（二车间）	641 902.77	23 365.30	618 537.47
三号厂房（机修车间）	286 601.35	9 656.39	276 944.96
A生产设备	509 754.26	48 324.72	461 429.54
B生产设备	451 816.84	42 832.20	408 984.64
机修设备	93 614.21	8 874.60	84 739.61
办公楼	720 343.65	28 093.35	692 250.30
合 计	3 644 193.26	195 368.44	3 448 824.82

（4）2013年11月30日负债及所有者权益类账户明细账余额如表4.4所示。

表4.4 负债及所有者权益类账户明细账余额 元

总 账	明细账	贷方余额
应付票据	武汉机械配件厂（银行承兑汇票）	100 000.00
	河南商贸电器有限公司（商业承兑汇票）	70 000.00
应付账款	长沙有色金属材料厂	31 654.85
	上海轻化公司	32 000.00
	浙江模具厂	20 000.00
预收账款	沈阳电器商贸有限责任公司	40 000.00
其他应付款	包装物押金（江州大富贸易公司）	13 161.60
	贷款利息	4 100.00
	预提大修理费	1 800.00
应付职工薪酬	工资	56 185.12
应交税费	应交增值税——未交增值税	21 693.78
	应交城市维护建设税	1 518.56
	应交教育费附加	650.81
	应交房产税	1 812.36
	应交土地使用税	6 666.67
短期借款	工商银行（4个月，年利率5%）	20 000.00
	工商银行（9个月，年利率6%）	38 000.00
长期借款	工商银行（5年期）	1 200 000.00
实收资本	北京建设科技股份有限公司	5 000 000.00
	南方高科贸易有限公司	2 000 000.00
	广州建安房地产有限责任公司	1 500 000.00
盈余公积	法定盈余公积	234 320.91
	任意盈余公积	117 160.46
利润分配	未分配利润	239 356.28

（5）2013年11月30日“生产成本——基本生产成本”明细账余额如表4.5所示。

表4.5 “生产成本——基本生产成本”明细账余额

元

项目 产品名称	直接材料	直接人工	制造费用	合计
A产品	15 134.69	8 438.24	7 646.52	31 219.45
B产品	11 849.26	7 749.38	6 903.43	26 502.07
合计	26 983.95	16 187.62	14 549.95	57 721.52

（6）2013年12月份产品产量有关资料如表4.6所示。

表4.6 产品产量有关资料

元

项目	A产品/件	B产品/件
月初在产品	400	500
本月投产	5 600	4 100
本月完工	4 800	3 800
月末在产品	1 200	800
投料方式	一次投入	一次投入
在产品完工程度	50%	60%

（7）2013年1—11月损益类账户的累计发生额如表4.7所示。

表4.7 2013年1—11月损益类账户的累计发生额

元

损益类账户	2013年1—11月累计发生额
主营业务收入——A产品	4 819 133.26
主营业务收入——B产品	2 752 271.13
其他业务收入	5 300.00
投资收益	28 234.00
营业外收入	4 800.00
主营业务成本	4 145 800.00
营业税金及附加	162 719.27
其他业务成本	2 300.00
销售费用	215 000.00
财务费用	5 124.67
管理费用	1 192 811.34
营业外支出	17 414.00
所得税费用	467 142.28
本年利润	1 401 426.83

二、模拟经济业务资料

江州市吉利电器有限公司2013年12月份发生如下经济业务（甲材料的计划单价为11元，乙材料的计划单价为9元）。

业务1）1日，购进甲材料8 000千克，款项已通过电汇方式付清，材料验收入库。

业务1）–1

广东增值税专用发票

（全国统一发票监制章　广东　国家税务总局监制）

发票联

NO.0075911

开票日期：2013年12月01日

购货单位	名称：江州市吉利电器有限公司 纳税人识别号：618899154961786611 5 地址、电话：江州市幸福路129号　31586889 开户行及账号：工行江州市分行　5918336544786991899				密码区	（略）	
货物或应税劳务名称	规格型号	单位	数量	单价	金额	税率	税额
甲材料		千克	8 000	12.00	96 000.00	17%	16 320.00
合　计					￥96 000.00		￥16 320.00
价税后合计（大写）	⊗壹拾壹万贰仟叁佰贰拾元整				（小写）￥112 320.00		
销货单位	名称：广东佛山金属材料有限公司 纳税人识别号：265957436284529412 地址、电话：佛山市三山路58号 开户行及账号：工行佛山市分行　6592587441295932369				备注	广东佛山金属材料有限公司 265957436284529412 发票专用章	

收款人：李于　　复核：丛一　　开票人：刘仁　　销货单位（章）：

第二联 发票联 购货方记账凭证

业务1）–2

中国工商银行　电汇凭证（回单）　　1

委托日期　2013年12月01日

汇款人	全称	江州市吉利电器有限公司	收款人	全称	广东佛山金属材料有限公司
	账号	5918336544786991899		账号	6592587441295932369
	汇出地点	海南省江州市/县		汇入地点	广东省佛山市/县
汇出行名称		工行江州市分行	汇入行名称		工行佛山市分行
金额	人民币（大写）壹拾壹万贰仟叁佰贰拾元整		亿千百十万千百十元角分		￥11232000 0
中国工商银行江州市分行 2013.12.01 转讫			支付密码		
			附加信息及用途： 复核：王溜　　记账：张三		

此联是汇出行交给汇款人的回单

业务1）-3

材料验收单

供货单位：广东佛山金属材料有限公司　　2013年12月01日

材料编号	材料名称	规格	单位	数量		实际成本/元			计划成本/元	
				应收	实收	单价/元	运杂费	金额	单价	金额
J-01	甲材料		千克	8000	8000	12.00		96000.00	11.00	88000.00

验收：张有宝　　采购：林超　　制单：王金光

业务2）1日，出售短期琼金盘股票，原购入价为61 300.00元，现出售价为66 000.00元，交易手续费为1 000.00元，出售净价为65 000.00元，款项存入银行。

业务2）-1

上海证券公司南方营业部

2013年12月01日

成交过户交割凭单	
股东编号：A168281318 电脑编号：83548 公司编号：1834	成交证券：琼金盘股票 成交数量：8 250股 成交价格：8.00
申请编号：295 申报时间：9.50 成交时间：10.20	成交金额：66 000.00元 标准佣金：　元 过户费用：500元
上交余额：0股 本次成交：8 250股 本次余额：　股	印花税：500元 附加费用：　元 应收金额：65 000.00元 应付金额：　元

业务2）-2

中国工商银行 进账单（收账通知）　3

2013年12月01日

付款人	全称	上海证券公司南方营业部	收款人	全称	江州市吉利电器有限公司											
	账号	5918469757815318116		账号	5918336544786991899											
	开户银行	建设银行上海市分行		开户银行	工行江州市分行											
金额	人民币（大写）陆万伍仟元整				亿	千	百	十	万	千	百	十	元	角	分	
								¥	6	5	0	0	0	0	0	
票据总类		票据张数		中国工商银行江州市分行 2013.12.01 转讫												
票据号码																
复核：张力　记账：江兰				收款人开户银行签章												

此联是银行交给收款人的收账通知

业务3）1日，购进乙材料6 000千克，款项未付，材料已验收入库。

业务3）-1

海南增值税专用发票

发 票 联

NO.0575958

开票日期：2013年12月01日

购货单位	名　　称：江州市吉利电器有限公司 纳税人识别号：6188991549617866115 地 址、电 话：江州市幸福路129号 31586889 开户行及账号：工行江州市分行 5918336544786991899	密码区	（略）

货物或应税劳务名称	规格型号	单位	数量	单价	金额	税率	税额
乙材料		千克	6 000	10.00	60 000.00	17%	10 200.00
合　计					¥60 000.00		¥10 200.00
价税合计（大写）	⊗柒万零贰佰元整				（小写）¥70 200.00		

销货单位	名　　称：江州冶炼厂 纳税人识别号：6238695452846574235 地 址、电 话：江州市新乐路45号 69521478 开户行及账号：工行 3654957426596258456	备注	江州冶炼厂 6238695452846574235 发票专用章

收款人：王红　　复核：张美　　开票人：胡华　　销货单位（章）：

第二联 发票联 购货方记账凭证

业务3）-2

材料验收单

供货单位：江州冶炼厂　　　　2013年12月01日

材料编号	材料名称	规格	单位	数量		实际成本/元			计划成本/元	
				应收	实收	单价	运杂费	金额合计	单价	金额
K-01	乙材料		千克	6000	6000	10.00		60000.00	9.00	54000.00

验收：张有宝　　　　采购：林超　　　　制单：王金光

业务4）2日，签发现金支票，从银行提出现金1 000元。

业务4）

中国工商银行
现金支票存根
BH006754852

附加信息

出票日期：2013年12月02日

收款人：	江州市吉利电器有限公司
金　额：	1000.00元
用　途：	提备用金

单位主管　　　会计

业务 5）3日，购入南方中发集团股票50 000股，每股8元，交易手续费2 550元，以银行转账方式支付，准备长期持有。此次所购股份占中发集团股份的3%。

业务5）-1

上海证券公司南方营业部

2013年12月03日

成交过户交割凭单	
股东编号：A168281348 电脑编号：83568 公司编号：1234	成交证券：南方中发集团 成交数量：50 000股 成交价格：8.00
申请编号：265 申报时间：10.20 成交时间：10.50	成交金额：400 000元 标准佣金：1 500元 过户费用：50元
上交余额：0股 本次成交：50 000股 本次余额：50 000股	印 花 税：1 000元 附加费用： 应收金额：402 550元 应付金额：402 550元

业务5）-2

中国工商银行
转账支票存根
BH00657853

附加信息

出票日期：2013年12月03日

收款人：南方中发集团	
金　额：402550.00元	
用　途：支付投资款	

单位主管　　　　会计

业务6）3日，一车间生产A产品领用甲材料30 000千克，一般耗费甲材料80千克、乙材料50千克；机修车间领用乙材料40千克；行政管理部门耗费甲材料10千克、乙材料20千克。

业务6）-1

领料单（记账联）

领料部门：一车间　　　　开单日期2013年12月03日　　　　编号：8023

发料仓库：　　　　发料日期2013年12月03日　　　　限　　天有效

货位编号	材料名称	型号规格	单　位	数　量		单价/元	金额/元
				请领	实领		
J-01	甲材料		千克	30000	30000	11.00	330000.00
J-01	甲材料		千克	80	80	11.00	880.00
K-01	乙材料		千克	50	50	9.00	450.00
	合　计						331330.00
领料根据及用途：							

发料：王峰　　　　主管：申兰　　　　领料：黄连素

业务6）-2

领料单（记账联）

领料部门：机修车间　　开单日期2013年12月03日　　编号：8024

发料仓库：　　发料日期2013年12月03日　　限　天有效

货位编号	材料名称	型号规格	单　位	数　量		单价/元	金额/元
				请领	实领		
K-01	乙材料		千克	40	40	9.00	360.00
	合 计						360.00
领料根据及用途：							

发料：王峰　　主管：申兰　　领料：黎明

业务6）-3

领料单（记账联）

领料部门：行政管理部门　　开单日期2013年12月03日　　编号：8025

发料仓库：　　发料日期2013年12月03日　　限　天有效

货位编号	材料名称	型号规格	单　位	数　量		单价/元	金额/元
				请领	实领		
J-01	甲材料		千克	10	10	11.00	110.00
K-01	乙材料		千克	20	20	9.00	180.00
	合 计						290.00
领料根据及用途：							

发料：王峰　　主管：申兰　　领料：毛谷

业务7）3日，原购买沈阳电厂的持有至到期投资已经到期，现收回本金400 000.00元及利息60 000.00元，款项存入银行［该债券的票面利率5%，期限是3年，前两年的利息40 000.00元已记入“持有至到期投资——债券投资（应计利息）”账户］。

业务7）-1

中国工商银行 进账单（收账通知）　1

2013年12月03日

付款人	全　称	沈阳电厂	收款人	全　称	江州市吉利电器有限公司
	账　号	6523789465125297573		账　号	5918336544786991899
	开户银行	工行沈阳市分行		开户银行	工行江州市分行
金额	人民币（大写）肆拾陆万元整			亿千百十万千百十元角分	¥46000000
票据种类		票据张数			
票据号码					
复核：　记账：				中国工商银行江州市分行 2013.12.03 转讫　收款人开户银行签章	

此联是银行交给收款人的收账通知

业务7）-2

日期：2013.12.03　　凭证号：127

广发证券有限责任公司江州和平大道营业部
支汇票取款凭证

资金账号：072208517547　　客户姓名：江州市吉利电器有限公司
付出金额：人民币460 000.00元
本次余额：人民币0.00元
大写金额：肆拾陆万元整
摘　　要：支汇票取款
银行账号：5918336544786991899

操作员：林先爱　　复核：　　客户签名：

业务8）4日，行政管理部门的周明借支差旅费1 800元，开出现金支票支付。

业务8）-1

借　据

借款单位：行政管理部门　　2013年 12月04日

借款事由：出差　　现金付讫
人民币（大写）：壹仟捌佰元整　　¥1800.00
批准人：胡枫
单位负责人：胡枫　　借款人：周明

业务8）–2

中国工商银行
现金支票存根
BH006754853

附加信息

出票日期：2013年12月04日

收款人：周明	
金　额：1800.00元	
用　途：出差借款	

单位主管　　　　会计

业务9）4日，二车间生产B产品领用乙材料20 000千克，一般耗费甲材料60千克、乙材料30千克；机修车间领用甲材料50千克；行政管理部门耗费甲材料25千克、乙材料15千克。

业务9）–1

领料单（记账联）

领料部门：二车间　　开单日期2013年12月04日　　编号：8026
发料仓库：　　发料日期2013年12月04日　　限　天有效

货位编号	材料名称	型号规格	单　位	数　量		单价/元	金额/元
				请领	实领		
K-01	乙材料		千克	20000	20000	9.00	180000.00
J-01	甲材料		千克	60	60	11.00	660.00
K-01	乙材料		千克	30	30	9.00	270.00
	合　计						180930.00
领料根据及用途：							

发料：王峰　　主管：申兰　　领料：刘维

业务9）–2

领料单（记账联）

领料部门：机修车间　　开单日期2013年12月04 日　　编号：8027
发料仓库：　　发料日期2013年12月04日　　限　天有效

货位编号	材料名称	型号规格	单　位	数　量		单价/元	金额/元
				请领	实领		
J-01	甲材料		千克	50	50	11.00	550.00
	合　计						550.00
领料根据及用途：							

发料：王峰　　主管：申兰　　领料：黎明

业务9）-3

领料单（记账联）

领料部门：行政管理部门　　开单日期2013年12月04日　　编号：8028

发料仓库：　　发料日期2013年12月04日　　限　　天有效

货位编号	材料名称	型号规格	单　位	数　量		单价/元	金额/元
				请领	实领		
J-01	甲材料		千克	25	25	11.00	275.00
K-01	乙材料		千克	15	15	9.00	135.00
	合　计						410.00
领料根据及用途：							

发料：王峰　　主管：申兰　　领料：毛谷

业务 10）4日，销售A产品900件，款项通过银行收讫，以电汇方式结算。

业务10）-1

产品销售单

2013年12月04日

单　位	广东天美电器有限公司			车　号	
产品名称	规格	单位	计划数	单价/元	金额/元
A产品		件	900	200.00	180000.00
备　注					

发货返财务

财务总监：代保珍　　制表人：杨明

业务10）-2

海南增值税专用发票

记账联

全国统一发票监制章 海南 国家税务总局监制

NO.0234566

开票日期：2013年12月04日

购货单位	名　　称：广东天美电器有限公司 纳税人识别号：5624957435645972587 地 址、电 话：广东省广州市珞瑜路2894号 开户行及账号：工行广州市分行　1218896544786131562				密码区	（略）	
货物或应税劳务名称	规格型号	单位	数量	单价	金额	税率	税额
A产品		件	900	200.00	180 000.00	17%	30 600.00
合　计					¥180 000.00		¥30 600.00
价税合计（大写）	⊗贰拾壹万零陆佰元整				（小写）¥210 600.00		
销货单位	名　　称：江州市吉利电器有限公司 纳税人识别号：6188991549617866115 地 址、电 话：江州市幸福路129号　31586889 开户行及账号：工行江州市分行　5918336544786991899				备注	江州市吉利电器有限公司 6188991549617866115 发票专用章	

收款人：周州　　复核：李民　　开票人：李文海　　销货单位（章）：

第三联　记账联　销货方记账凭证

业务10）-3

中国工商银行 进账单（收账通知） 3

2013年12月04日

付款人	全称	广东天美电器有限公司	收款人	全称	江州市吉利电器有限公司
	账号	5624957435645972587		账号	5918336544786991899
	开户银行	工行广州市分行		开户银行	工行江州市分行
金额	人民币（大写）⊗贰拾壹万零陆佰元整			亿千百十万千百十元角分	¥21060000
票据种类		票据张数		中国工商银行江州市分行 2013.12.04 转讫	
票据号码					
复核：	记账：			收款人开户银行签章	

此联是银行交给收款人的收账通知

业务11）5日，行政管理部门的黄力佳11月份借款15 000元出差至北京开信息交流会，现回来报销差旅费12 618.64元，余款交回现金2 381.36元。

业务11）-1

差旅费报销单

单位名称：行政管理部门　　　　出差起止日期由2013年11月15日至2013年11月25日

出差人姓名：黄力佳			出差地点：北京			出差天数：11	事由：开信息交流会		
飞机车船及住宿	种类	票据张数	金额	出差补助费	出差地点	天数	标准	金额	报销结算情况
	飞机票	2	4860.00		北京	11	200	2200.00	原出差借款15000元，报销12618.64元，补　元，退还2381.36元。
	市内汽车费	10	280.00						
	住宿费	1	2650.00						
	其他车补		2230.00						
	长途汽车费	6	398.64						
									说明
	小计		10418.64						负责人 支领人 王知春 林岗
合计金额	大写：壹万贰仟陆佰壹拾捌元陆角肆分		¥12618.64						2013年12月05日

业务11）-2

收款收据

收款日期：2013年12月05日　　　　NO.23455

今收到：黄力佳

交来：原借差旅费的剩余款项

人民币（大写）贰仟叁佰捌拾壹元叁角陆分　　¥2381.36

备注：

收款单位：　　　　收款人：周州　　　　经办人：朱力

业务12）5日，以现金支付财务科杨明购买办公用品费196.27元。

业务12）

海南省江州市货物销售发票

国税　　　　发　票　联

发票代码：14635567757675

发票号码：02234556

客户名称：江州市吉利电器有限公司　　地址：江州市幸福路129号　　2013年12月05日填开

品名规格	单位	数量	单价/元	超过千元无效	金额					备注
订书机	个	5	16		百	十	元	角	分	
墨盒	盒	1	116.27			8	0	0	0	
					1	1	6	2	7	
金额合计（大写）	⊗壹佰玖拾陆元贰角柒分				1	9	6	2	7	
销售方税务登记号	68423599972									

第二联　发票联

填票人：付明　　　　收款人：肖亮　　　　开票业户（盖章）：

业务13）5日，向广西爱华电子有限公司销售B产品800件，单价为180元、价款为144 000.00元、增值税税率为17%、销项税额为24 480.00元，收到一张不带息的、6个月的银行承兑汇票。

业务13）-1

产品销售单

2013年12月05日

单　位	广西爱华电子有限公司			车　号	
产品名称	规格	单位	计划数	单价/元	金额/元
B产品		件	800	180.00	144000.00
备　注					

发货返财务

财务总监：代保珍　　　　制表人：杨明

业务13）-2

海南增值税专用发票

记　账　联

（印章：全国统一发票监制章 海南 国家税务总局监制）

NO.0234567

开票日期：2013年12月05日

购货单位	名　　称：广西爱华电子有限公司 纳税人识别号：662475643564597298 8 地　址、电　话：广西柳州市二环路243号 开户行及账号：工行　5614268454893657568				密码区	（略）	
货物或应税劳务名称	规格型号	单位	数量	单价	金额	税率	税额
B产品		件	800	180.00	144 000.00	17%	24 480.00
合　计					¥144 000.00		¥24 480.00
价税合计（大写）	⊗壹拾陆万捌仟肆佰捌拾元整　　（小写）¥168 480.00						
销货单位	名　　称：江州市吉利电器有限公司 纳税人识别号：618899154961786611 5 地　址、电　话：江州市幸福路129号　31586889 开户行及账号：工行江州市分行　5918336544786991899				备注	（印章：江州市吉利电器有限公司 618899154961786611 5 发票专用章）	

第三联　记账联　销货方记账凭证

收款人：周州　　复核：李民　　开票人：李文海　　销货单位（章）：

业务13）-3

银行承兑汇票 2

出票日期2013年12月05日 ××××××

出票人全称	广西爱华电子有限公司	收款人	全称	江州市吉利电器有限公司
出票人账号	5614268454893657568		账号	5918336544786991899
付款行全称	工行广州市分行		开户银行	工行江州市分行
出票金额	人民币（大写）壹拾陆万捌仟肆佰捌拾元整	付款行	千 百 十 万 千 百 十 元 角 分	¥ 1 6 8 4 8 0 0 0
汇票到期日（大写）	贰零壹肆年零陆月零伍日		行号	
承兑协议编号			地址	广西省柳州市二环路243号
本汇票请你行承兑，到期无条件付款。 （广西爱华电子有限公司 支票专用章）（印 王刚） 出票人签章		本汇票已经承兑，到期日由本行付款。 承兑行签章 承兑日期2013年12月05日 （中国工商银行江州市分行 2013.12.05 转讫）		复核 王凯 记账 吴勇

业务14）6日，偿还银行短期借款20 000元。

业务14）-1

借款偿还凭证（传票回单）

代号：343 编号

借款单位名称	江州市吉利电器有限公司	放款账号		存款账号	23200223002264
偿还借款金额	（大写）贰万元整		十 万 千 百 十 元 角 分		¥ 2 0 0 0 0 0 0
请（已）从 号账户内（以现金）付出归还（收回）上列款项 此致 银行（单位） （中国工商银行江州市分行 2013.12.06 转讫） 单位（银行）盖章	记账日期2013年12月06日 借________¥________元 贷________¥________元 贷________¥________元 日记账（主管） 复核（会计） 记账				

业务14）-2

中国工商银行 转账支票存根 BH00657854
附加信息
出票日期：2013年12月06日
收款人：工商银行
金　额：20000.00元
用　途：偿还银行短期借款
单位主管　　　　会计

业务15）7日，以银行卡的形式支付12月份职工工资328 465.80元。

业务15）

中国工商银行 转账支票存根 BH00657855
附加信息
出票日期：2013年12月07日
收款人：
金　额：328465.80元
用　途：发工资
单位主管　　　　会计

业务16）8日，收到南京无线电股份有限公司所欠A产品货款100 000元，以委托收款结算方式结算。

业务16）

委托收款凭证（收款通知）　5　　第10号

委托号码：0181

委托日期2013年12月08日　　付款期限2013年12月09日

付款人	全　称	南京无线电股份有限公司	收款人	全　称	江州市吉利电器有限公司
	账　号	2159567836482594268		账　号	5918336544786991899
	地　址	江苏省南京市/县		地　址	海南省江州市/县
汇出行名称		工行南京市分行	汇入行名称		工行江州市分行

		亿	千	百	十	万	千	百	十	元	角	分
委收金额	人民币（大写）壹拾万元整			¥	1	0	0	0	0	0	0	0

款项内容	A产品货款	委托收款凭据名称		附寄单证张数	

琼洋酒楼转账收讫

付款人注意：
1. 应于见票当日通知开户行划款。
2. 如果提前付款或多付款时，应另外书面通知银行办理。
3. 如果全部或部分拒付，应在付款期限内另填拒绝付款理由书送银行办理。

此联是付款人开户银行给付款人的通知

单位主管：宋星　会计：张文　复核：邱红　记账：孙枚　付款人开户银行收到日期2013年12月09日

业务 17）9日，开出转账支票支付琼洋酒楼招待客人餐费600元。

业务17）–1

海南省服务业专用发票

INVOICE FOR SERVICE TRADF OF HAINAN PROVINCE

发　票　联

INVOICE

开票日期：2013年12月09日　　发票号：569872323123

DATE OF ISSUE：　Y　M　D　　INVOICE　　NO.：008662356

付款人名称：江州市吉利电器有限公司 NAME OF PAYER
项目：餐饮费 SERVICE ITEM
付款金额（大写）：⊗陆佰元整　¥600.00 AMOUNT OF PAYMENT（IN WORD）
附注： NOTES

第二联　发票联

开票单位签章：STAMPED BY ISSUER　　经手人：刘琮 HANDLER　　纳税人识别号：26485912574698 TAX PAYER IDENTIFICATION NUMBER

地址：ADD　　电话：TEL　　复核人：CHECKED BY

业务17）-2

中国工商银行
转账支票存根
BH006157856

附加信息

出票日期：2013年12月09日

收款人：	琼洋酒楼
金 额：	600.00元
用 途：	招待客人餐费

单位主管 会计

业务18）9日，用现金支付购支票款26元。其中，现金支票2本，单价6元；转账支票2本，单价7元。

业务18）

中国工商银行结算业务收费凭证（回单）

2013年12月09日

付款人	全称	江州市吉利电器有限公司		收款人	全称	中国工商银行江州市分行	
	开户银行	工行江州市支行	账号 59183365 44786991 899		开户银行		账号

结算内容	笔数	应收费用 手续费 百	十	元	角	分	邮电费 百	十	元	角	分	小计 千	百	十	元	角	分	备注：
现金支票	2		1	2	0	0								1	2	0	0	中国工商银行江州市分行 2013.12.09 转讫
转账支票	2		1	4	0	0								1	4	0	0	会计分录 借______ 贷______
													¥	2	6	0	0	复核员 王兰
合计金额（人民币大写）贰拾陆元整																		记账员 肖红

第一联 银行盖章后退回单位

业务19）10日，以银行存款支付上月未交增值税21 693.78元，城市维护建设税1 518.56元，教育费附加650.81元，房产税1 812.30元，土地使用税6 666.67元。

业务19）-1

中国工商银行电子缴税付款凭证

转账日期：2013年12月10日　　　　凭证字号：0123456789

缴款单位	代　码	120102021203136	征税机关	江州市国家税务局
	全　称	江州市吉利电器有限公司		
	开户银行	工行江州市分行		
	账　号	5918336544786991899	收款国库	国家金库江州市支库
税款所属时期：2013年11月			税款限缴日期：2013年12月10日	
增值税　21 693.78元 城建税　1 518.56元　7% 教育费附加　650.81元　3%			实缴金额 23 863.15元	
金额合计：⊗贰万叁仟捌佰陆拾叁元壹角伍分			￥23 863.15	
上列款项已收妥，并划转单位账户 银行盖章 中国工商银行江州市分行 2013.12.10 转讫				

上网时间：2013-12-10 14：30：00

业务19）-2

中国工商银行电子缴税付款凭证

转账日期：2013年12月10日　　　　凭证字号：0165456712

缴款单位	代　码	120102021203136	征税机关	江州市地方税务局
	全　称	江州市吉利电器有限公司		
	开户银行	工行江州市分行		
	账　号	5918336544786991899	收款国库	国家金库江州市支库
税款所属时期：2013年11月			税款限缴日期：2013年12月10日	
土地使用税 6 666.67元 房产税　1 812.30元			实缴金额 8 478.97	
金额合计：⊗捌仟肆佰柒拾捌元玖角柒分			￥8 478.97	
上列款项已收妥，并划转单位账户 银行盖章 中国工商银行江州市分行 2013.12.10 转讫				

上网时间：2013-12-10 15：10：00

业务 20）10日，转让原购买深圳机电股份有限公司的股份20 000股，每股转让价10.02元，股款200 400.00元，交易手续费400.00元，出售净价200 000.00元，款项存入银行，原成本180 000.00元。

业务20）-1

广发证券江州市营业部交割凭证

2013年12月10日

账户名称：江州市吉利电器有限公司	
股东编号：A168281342 电脑编号：83576 公司编号：9876	成交证券：深圳机电股份有限公司 成交数量：20 000股 成交价格：10.02
申请编号：493 申报时间：10.00 成交时间：10.30	成交金额：200400 元 标准佣金：　　元 过户费用：200元
上交余额：　　股 本次成交：　　股 本次余额：　　股	印 花 税：200元 附加费用：　　元 应收金额：200 000 元 应付金额：　　元

业务20）-2

日期：2013.12.10　　　　　　　　　　　　　　　　　　　凭证号：829

广发证券有限责任公司南方和平大道营业部
支汇票取款凭证

资金账号：072208517547　　　　客户姓名：江州市吉利电器有限公司
付出金额：人民币200 000.00元
本次余额：人民币0.00元
大写金额：贰拾万元整
摘　　要：支汇票取款
银行账号：5918336544786991899

操作员：林先爱　　　　　　复核：　　　　　　客户签名：

业务20）-3

中国工商银行 进账单（收账通知）　　3

2013年12月10日

付款人	全　称	上海证券交易所	收款人	全　称	江州市吉利电器有限公司
	账　号	2154578521582455457		账　号	5918336544786991899
	开户银行	工行上海市分行		开户银行	工行江州市分行

金额	人民币（大写）贰拾万元整	亿	千	百	十	万	千	百	十	元	角	分
				¥	2	0	0	0	0	0	0	0

票据种类		票据张数		中国工商银行江州市分行 2013.12.10 转讫
票据号码				
复核：苏涛	记账：黄飞			收款人开户银行签章

此联是银行交给收款人的收账通知

业务 21）10日，开出转账支票1张，支付江州立达安装公司安装铣床的安装费13 846.00元。

业务21）-1

海南省江州市建筑安装行业专用发票

发　票　联

客户名称：江州市吉利电器有限公司　　2013 年 12月10日　　第000089号

项　目	摘　要	单位	数量	单价	金额 百	十	万	千	百	十	元	角	分
	安装铣床	台	1			¥	1	3	8	4	6	0	0
人民币合计（大写）	⊗壹万叁仟捌佰肆拾陆元整												
备注	江州立达安装公司												

单位盖章：　　会计：常青　　收款人：何平　　制表：李晶

业务21）-2

中国工商银行
转账支票存根
BH00657857

附加信息

出票日期：2013年12月10日

收款人：江州立达安装公司	
金　额：13846.00元	
用　途：安装费	

单位主管　　　　会计

业务22）10日，行政部王南达用现金购买办公用品共计280.46元，以现金支付。

业务22）

海南省江州市货物销售发票

国税　　　　**发票联**

发票代码：14635567757678
发票号码：02234559

客户名称：江州市吉利电器有限公司　　地址：　　2013年12月10日填开

品名规格	单 位	数 量	单 价	超过千元无效	金额 百	十	元	角	分	备 注
文件夹	个	20	8.00		1	6	0	0	0	
油笔	支	200	0.50		1	0	0	0	0	
计算器	个	1	20.46			2	0	4	6	
金额合计（大写）⊗贰佰捌拾元肆角陆分					2	8	0	4	6	
销售方税务登记号										

第二联　发票联

填票人：张力　　收款人：吴敏　　开票业户（盖章）

业务23）10日，一车间领用工作服70套，二车间领用工作服60套，机修车间领用工作服10套，每套工作服118元（低值易耗品采用一次摊销法）。

业务23）-1

领料单（记账联）

领料部门：一车间　　开单日期2013年12月10日　　编号：8029

发料仓库：　　发料日期2013年12月10日　　限　　天有效

货位编号	材料名称	型号规格	单　位	数　量		单价/元	金额/元
				请领	实领		
	工作服		套	70	70	118.00	8260.00
领料根据及用途：							

发料：　　材料计划：　　领料主管：　　领料：

业务23）-2

领料单（记账联）

领料部门：二车间　　开单日期2013年12月10日　　编号：8030

发料仓库：　　发料日期2013年12月10日　　限　　天有效

货位编号	材料名称	型号规格	单位	数　量		单价/元	金额/元
				请领	实领		
	工作服		套	60	60	118.00	7080.00
领料根据及用途：							

发料：　　材料计划：　　领料主管：　　领料：

业务23）-3

领料单（记账联）

领料部门：机修车间　　开单日期2013年12月10日　　编号：8031

发料仓库：　　发料日期2013年12月10日　　限　　天有效

货位编号	材料名称	型号规格	单位	数　量		单　价	金　额
				请领	实领		
	工作服		套	10	10	118.00	1180.00
领料根据及用途：							

发料：　　材料计划：　　领料主管：　　领料：

业务24）10日，收到江州佳通电子科技有限公司投资款，即面值为500 000.00元人民币的银行本票1张，当日送存银行。

业务24）

中国工商银行江州市分行送款回单

总字89号

填送2013年12月10日　　开户银行：工行江州市分行　　字12号

单位全称	江州市吉利电器有限公司	账号：5918336544786991899										
人民币（大写）⊗伍拾万元整		亿	千	百	十	万	千	百	十	元	角	分
				¥	5	0	0	0	0	0	0	0
款项来源	江州佳通电子科技有限公司投资款											
备注：此送款单于第　　次清算提出 （附单据张　　数）		经办员：王伟 银行签章处 中国工商银行江州市分行 2013.12.10 转讫										

单位主管：张枚　　会计：林清　　复核：陈方　　记账：黎明

业务25）11日，从江州挤压机公司购入挤压机1台，价款20 000.00元，增值税3 400.00元，开出转账支票1张。

业务25）–1

海南增值税专用发票

发　票　联

NO.0075918

开票日期：2013年12月11日

购货单位	名　　称：江州市吉利电器有限公司 纳税人识别号：618899154961786 6115 地 址、电 话：江州市幸福路129号　31586889 开户行及账号：工行江州市分行　5918336544786991899			密码区	（略）		
货物或应税劳务名称	规格型号	单位	数量	单价	金额	税率	税额
挤压机		台	1	20 000.00	20 000.00	17%	3 400.00
合　计					¥20 000.00		¥3 400.00
价税合计（大写）	⊗贰万叁仟肆佰元整				（小写）¥23 400.00		
销货单位	名　　称：江州挤压机公司 纳税人识别号：265865982157625 9654 地 址、电 话：江州市万全路26号　56217989 开户行及账号：工行　1549523695475679652			备注	江州挤压机厂 265865982157625 9654 发票专用章		

收款人：秦方　　复核：孙枚　　开票人：周红　　销货单位（章）：

第二联　发票联　购货方记账凭证

业务25）-2

中国工商银行
转账支票存根
BH00657858

附加信息

出票日期：2013年12月11日

收款人：	江州挤压机公司
金　额：	23400.00元
用　途：	购挤压机

单位主管　　会计

业务25）-3

材料验收单

供货单位：江州挤压机公司　　2013年12月11日

材料编号	材料名称	规格	单位	数量	金　额/元	备　注
	挤压机		台	1	20000.00	

保管验收：张有宝　　采购员：王赐中

业务26）11日，向江州塑料有限公司出售甲材料50千克，价款960.00元（含税价），增值税税率为17%，以现金收讫并及时送存银行。

业务26）-1

产品销售单

2013年12月11日

单　位	江州塑料有限公司			车　号	
产品名称	规格	单位	计划数	单价/元	金额/元
甲材料		千克	50	16.41	820.50
备　注					

发货返财务

财务总监：代保珍　　制表人：杨明

业务26）-2

海南增值税专用发票

记 账 联

（印章：全国统一发票监制章 海南 国家税务总局监制）

NO.0234568

开票日期：2013年12月11日

购货单位	名　　称：江州塑料有限公司 纳税人识别号：56344129825715618567 地 址、电 话：江州市二环路56号 开户行及账号：工行　5234269154546153246	密码区	（略）

货物或应税劳务名称	规格型号	单位	数量	单价	金额	税率	税额
甲材料		千克	50	16.41	820.50	17%	139.50
合　计					¥820.50		¥139.50
价税合计（大写）	⊗玖佰陆拾元整				（小写）¥960.00		

销货单位	名　　称：江州市吉利电器有限公司 纳税人识别号：618891549617866115 地 址、电 话：江州市幸福路129号　31586889 开户行及账号：工行江州市分行　5918336544786991899	备注	（印章：江州市吉利电器有限公司 618891549617866115 发票专用章）

收款人：周州　　复核：李民　　开票人：李文海　　销货单位：（章）

第三联 记账联 销货方记账凭证

业务26）-3

中国工商银行现金进账单（回单或收账通知）

2013年12月11日

收款人	全　称	江州市吉利电器有限公司	开户银行	工行江州市分行
人民币	账　号	5918336544786991899	款项来源	出售甲材料
大写	玖佰陆拾元整			

票面	张数	十	万	千	百	十	元	角	分	票面	张数	百	十	元	角	分
壹佰	9				9	0	0	0	0	伍角						
伍拾	1					5	0	0	0	贰角						
拾元	1					1	0	0	0	壹角						
伍元										伍分						
贰元										贰分						
壹元										壹分						
合计				¥	9	6	0	0	0	合计						

（印章：中国工商银行江州市分行 2013.12.11 转讫）

业务27）11日，请江州机电安装公司安装挤压机，发生安装人工费用1 240.00元，以转账支票支付；安装机交付使用。

业务27）-1

海南省江州市建筑安装行业专用发票

发　票　联

客户名称：江州市吉利电器有限公司　　2013年12月11日　　第000095号

项　目	摘　要	单位	数量	单价	金额 百	十	万	千	百	十	元	角	分
	安装费						¥	1	2	4	0	0	0
人民币（大写）	⊗壹仟贰佰肆拾元整												
备注	江州机电安装公司安装挤压机，发生安装人工费用。												

单位盖章：　　会计：陈名　　收款人：郑放　　制表：冯华

业务27）-2

中国工商银行
转账支票存根
BH00657859

附加信息

出票日期：2013年12月11日

收款人：	江州机电安装公司
金　额：	1240.00元
用　途：	安装费

单位主管　　会计

业务27）-3

固定资产交付使用单

使用部门：　　　　日期：2013年12月11日

设备名称	挤压机	设备编号	573244
规格型号	XD6589	原始价值	21240.00元
精密程度		预计使用年限	5年
生产单位	江州挤压机公司	预计净残值	4%
出厂日期	2013.12.11	交付使用日期	2013.12.11
验收项目	验收记录		负责人
运转状况	良好		王峰
精度测试	良好		王峰
达产程度	良好		王峰
环境检查	良好		宋荣
综合意见	可以使用		宋荣

验收人：张有宝　　接受人：王峰　　设备主管：黎明　　财务主管：李民

业务28）11日，一车间领用手套120副，二车间领用手套90副，机修车间领用手套50副，每副手套3.60元（低值易耗品采用一次摊销法）。

业务28）-1

领 料 单（记账联）

领料部门：一车间　　开单日期2013年12月11日　　编号：8033
发料仓库：　　发料日期2013年12月11日　　限　　天有效

货位编号	材料名称	型号规格	单位	数量		单价/元	金额/元
				请领	实领		
	手套		副	120	120	3.60	432.00
领料根据及用途：							

发料：　　材料计划：　　主管：　　领料：

业务28）-2

领料单（记账联）

领料部门：二车间　　开单日期2013年12月11日　　编号：8034
发料仓库：　　发料日期2013年12月11日　　限　　天有效

货位编号	材料名称	型号规格	单位	数量		单价/元	金额/元
				请领	实领		
	手套		副	90	90	3.60	324.00
领料根据及用途：							

发料：　　材料计划：　　主管：　　领料：

业务28）-3

领料单（记账联）

领料部门：机修车间　　开单日期2013年12月11日　　编号：8035
发料仓库：　　发料日期2013年12月11日　　限　　天有效

货位编号	材料名称	型号规格	单位	数量		单价/元	金额/元
				请领	实领		
	手套		副	50	50	3.60	180.00
领料根据及用途：							

发料：　　材料计划：　　主管：　　领料：

业务29）12日，周明出差归来，报销差旅费1 156.00元，余款交回现金644.00元。

业务29）–1

差旅费报销单

单位名称：　　　　　　　　　出差起止日期由2013年12月05日至2013年12月09日

<table>
<tr><td colspan="4">出差人姓名：周明</td><td colspan="2">出差地点：广州</td><td colspan="3">出差天数：5</td><td>事由：采购材料</td></tr>
<tr><td rowspan="7">飞机车船及住宿</td><td>种　类</td><td>票据张数</td><td>金额</td><td rowspan="7">出差补助费</td><td>出差地点</td><td>天数</td><td>标准</td><td>金额</td><td>报销结算情况</td></tr>
<tr><td>火车票</td><td>2</td><td>270.00</td><td>广州</td><td>5</td><td>90</td><td>450.00</td><td rowspan="5">原出差
借款1800.00元，
报销1156.00元，
补　　元，
退还644.00元。</td></tr>
<tr><td>市内汽车费</td><td>13</td><td>46.00</td><td></td><td></td><td></td><td></td></tr>
<tr><td>住宿费</td><td>1</td><td>260.00</td><td></td><td></td><td></td><td></td></tr>
<tr><td>其他车补</td><td></td><td>130.00</td><td></td><td></td><td></td><td></td></tr>
<tr><td>长途汽车费</td><td></td><td></td><td></td><td></td><td></td><td></td></tr>
<tr><td></td><td></td><td></td><td></td><td></td><td></td><td></td><td rowspan="3">说明
负责人　支领人
王春秋　周明
2013年12月12日</td></tr>
<tr><td></td><td>小计</td><td></td><td>706.00</td><td></td><td></td><td></td><td></td><td></td></tr>
<tr><td>合计金额</td><td colspan="8">大写：壹仟壹佰伍拾陆元整　¥1156.00</td></tr>
</table>

业务29）–2

收款收据

收款日期：2013年12月12日　　　　　　NO.23459

今收到：周明	
交来：原借差旅费的剩余款项	
人民币（大写）陆佰肆拾肆元整	¥644.00
备注：	

财务专用章

收款单位：　　　　　　收款人：周州　　　　　　经办人：朱力

业务30）12日，用转账支票支付江州广告公司广告费18 000.00元。

业务30）-1

江州市广告行业专用发票

发　票　联

客户名称：江州市吉利电器有限公司　　2013年12月12日　　第0000876号

项　目	摘　要	数量	单价	金额：百	十	万	千	百	十	元	角	分
	销售广告费				¥	1	8	0	0	0	0	0
人民币合计（大写）	⊗壹万捌仟元整											
备　注	江州广告公司											

广告收费专用盖章：　　地址：　　开票人：李春

业务30）-2

中国工商银行
转账支票存根
BH00657860

附加信息

出票日期：2013年12月12日

收款人：	江州广告公司
金　额：	18000.00元
用　途：	广告费

单位主管　　会计

业务31）12日，向湖南湘广文化传播公司销售A产品600件，单价200.00元，价款120 000.00元，增值税税率17%，销项税额20 400.00元，代垫运杂费4 800.00元，款项尚未收到。

业务31）-1

海南增值税专用发票

记 账 联

NO.0234569

开票日期：2013年12月12日

购货单位	名　　称：湖南湘广文化传播公司 纳税人识别号：5635125757126182674 地 址、电 话：长沙市建国路98号 开户行及账号：工行9417561768153761578				密码区	（略）	
货物或应税劳务名称	规格型号	单位	数量	单价	金额	税率	税额
A产品		件	600	200.00	120 000.00	17%	20 400.00
合　计					¥120 000.00		¥20 400.00
价税合计（大写）	⊗壹拾肆万零肆百元整				（小写）¥140 400.00		
销货单位	名　　称：江州市吉利电器有限公司 纳税人识别号：6188991549617866115 地 址、电 话：江州市幸福路129号　31586889 开户行及账号：工行江州市分行　5918336544786991899				备注	江州市吉利电器有限公司 6188991549617866115 发票专用章	

收款人：周州　　复核：李民　　开票人：李文海　　销货单位：（章）

第三联 记账联 销货方记账凭证

业务31）-2

中国工商银行
转账支票存根
BH00657861

附加信息

出票日期：2013年12月12日

收款人：	万全物流有限公司
金　额：	4800.00元
用　途：	代垫运杂费

单位主管　　　会计

业务31）–3

产品销售单

2013年12月12日

单 位	湖南湘广文化传播公司			车 号	
产品名称	规格	单位	计划数	单价/元	金额/元
A产品		件	600	200.00	120000.00
备 注					

发货返财务

财务总监：代保珍　　　　　　制表人：杨明

业务31）–4

代垫运费证明单

日期：2013年12月12日

购货单位	湖南湘广文化传播公司	发往地点	湖南省长沙市
货物名称	A产品	货物数量	600件
运费金额	大写：肆仟捌佰元整	¥4800.00	
运输方式及票号	汽运		

第二联 记账联

部门负责人：彭智　　　　　　经手人：毛业

业务31）–5

万全物流有限公司运输凭证

2013年12月12日

收货人姓名	湖南湘广文化传播公司	托运人姓名	冯友						
地址	湖南省长沙市	地址	江州市						
联系电话	0731-21457983	收款情况	已收						
收货人签名	张兵	发货人签名	王海						
身份证号码	214568197905263145		运费金额						
货物名称	编号	件数	万	千	百	十	元	角	分
A产品	2468	600件	¥	4	8	0	0	0	0
保险：货物总值120000.00元		保险费400元							
合计金额	（大写）肆仟捌佰元整	¥4 800.00							
备注：万全物流有限公司 发票专用章									

制单：符静

业务32）15日，用电汇结算方式支付前欠浙江模具公司购料款20 000.00元。

业务32）

中国工商银行 电汇凭证（回单）　1

□普通□加急　　委托日期2013年12月15日

汇款人	全称	江州市吉利电器有限公司	收款人	全称	浙江模具公司
	账号	5918336544786991899		账号	1564957295473256145
	汇出地点	海南省江州市/县		汇入地点	浙江省嘉兴市/县
汇出行名称		工行江州市分行	汇入行名称		工行嘉兴市分行
金额	人民币（大写）贰万元整				

亿	千	百	十	万	千	百	十	元	角	分
			¥	2	0	0	0	0	0	0

中国工商银行江州市分行 2013.12.15 转讫	支付密码
	附加信息及用途：
汇出行签章	复核：王一　　记账：胡为

业务33）15日，在建工程铣床安装完毕，已通过验收，铣床投入使用，价值245 750.51元（截止上月底“在建工程——铣床”的成本为231 904.51元，本月铣床发生的成本为13 846.00元）。

业务33）

固定资产交付使用单

使用部门：一车间　　日期2013年12月15日

设备名称	铣床	设备编号	CJ03–06
规格型号		原始价值	245750.51元
精密程度		预计使用年限	10
生产单位	东风机床厂	预计净残值	4%
出厂日期	2013.11.30	交付使用日期	2013.12.15
验收项目	验收记录		负责人
运转状况	良好		李兵
精度测试	良好		李兵
达产程度	良好		李兵
环境检查	良好		杨林
综合意见	可以投入使用		杨林

验收人：张有宝　　接受人：王峰　　设备主管：黎明　　财务主管：李民

业务34）15日，向江州机电设备有限公司销售B产品500件，单价180.00元，价款90 000.00元，增值税税率17%，销项税额15 300.00元，款项通过银行转账收讫。

业务34）-1

产品销售单

2013年12月15日

单　位	江州机电设备有限公司			车　号	
产品名称	规格	单位	计划数	单价/元	金额/元
B产品		件	500	180.00	90000.00
备　注					

财务总监：代保珍　　　　制表人：杨明

发货返财务

业务34）-2

海南增值税专用发票

记　账　联

NO.0234570

开票日期：2013年12月15日

购货单位	名　　称：江州机电设备有限公司 纳税人识别号：342545693746843150 8 地 址、电 话：江州市建国路98号 开户行及账号：工行　3468437652153321578					密码区	（略）	
货物或应税劳务名称	规格型号	单位	数量	单价	金额	税率	税额	
B产品		件	500	180.00	90 000.00	17%	15 300.00	
合　计					¥90 000.00		¥15 300.00	
价税合计（大写）	⊗壹拾万伍仟叁佰元整				（小写）¥105 300.00			
销货单位	名　　称：江州市吉利电器有限公司 纳税人识别号：618899154961786611 5 地 址、电 话：江州市幸福路129号　31586889 开户行及账号：工行江州市分行　5918336544786991899					备注	江州市吉利电器有限公司 6188991549617866115 发票专用章	

收款人：周州　　复核：李民　　开票人：李文海　　销货单位：（章）

第三联　记账联　销货方记账凭证

业务34）-3

中国工商银行进账单（收账通知）　3

2013年12月15日

付款人	全　称	江州机电设备有限公司	收款人	全　称	江州市吉利电器有限公司
	账　号	3468437652153321578		账　号	5918336544786991899
	开户银行	工行江州市分行		开户银行	工行江州市分行

金额		亿	千	百	十	万	千	百	十	元	角	分
	人民币（大写）壹拾万伍仟叁佰元整			¥	1	0	5	3	0	0	0	0

票据种类		票据张数	
票据号码			

复核：周影　　记账：张芹

（印章：中国工商银行江州市分行 2013.12.15 转讫）

此联是银行交给收款人的收账通知

业务35）15日，收到河南商丘电器贸易公司合同违约金2 000.00元，以电汇方式结算。

业务35）-1

收款收据

收款日期：2013年12月15日　　NO.23458

今收到：河南商丘电器贸易公司

交　来：合同违约金

人民币（大写）贰仟元整　　¥2000.00

备注：

（印章：江州市吉利电器有限公司 财务专用章）

收款单位：　　收款人：周州　　经办人：彭智

业务35）-2

中国工商银行 电汇凭证（回单） 1

□普通□加急　　委托日期2013年12月15日

汇款人	全称	河南商丘电器贸易公司	收款人	全称	江州市吉利电器有限公司
	账号	5489357195165496246		账号	5918336544786991899
	汇出地点	河南省商丘市/县		汇入地点	海南省江州市/县
汇出行名称		工行商丘市分行	汇入行名称		工行江州市分行

金额	人民币（大写）贰仟元整	亿	千	百	十	万	千	百	十	元	角	分
							¥	2	0	0	0	0	0

中国工商银行江州市分行 2013.12.15 转讫 汇出行签章	支付密码 附加信息及用途： 复核：王明　记账：胡秀

业务36）16日，开出现金支票，从银行提取现金3 000.00元。

业务36）

中国工商银行
现金支票存根
BH006754854

附加信息

出票日期：2013年12月16日

收款人：	江州市吉利电器有限公司
金　额：	3000.00元
用　途：	提备用金

单位主管　　会计

业务37）16日，以现金支付机修车间运杂费137.26元。

业务37）

海南省江州市运输发票

发票联

发票号码：0076029

单位部门：机修车间

2013年12月16日

项目	单位	数量	单价	金额							
				万	十	千	百	十	元	角	分
运杂费							1	3	7	2	6
合计						¥	1	3	7	2	6
人民币（大写）⊗壹佰叁拾柒元贰角陆分											

单位盖章　　财务：刘维尔　　开票：顾福祥

业务38）17日，开出6个月期的商业承兑汇票支付前欠上海轻化公司货款32 000.00元。

业务38）

商业承兑汇票

IX IV3192978

签发日期：2013年12月17日

第101号

付款人	全称	江州市吉利电器有限公司	收款人	全称	上海轻化公司										
	账号	5918336544786991899		账号	6497258341676549164										
	开户银行	工商银行江州市分行		开户银行	工商银行上海市分行										
金额	人民币（大写）叁万贰仟元整				亿	千	百	十	万	千	百	十	元	角	分
								¥	3	2	0	0	0	0	0
汇票到期日	贰零壹肆年陆月壹拾柒日														
备注：不带息商业承兑汇票			负责人 孙清　　经办人 周山												

此联签发人存根

业务39）17日，向江州光大有限公司销售B产品300件，单价180.00元，价款54 000.00元，增值税税率17%，销项税额9 180.00元，款项通过银行转账收讫。

业务39）-1

产品销售单

2013年12月17日

单位	江州光大有限公司			车号	
产品名称	规格	单位	计划数	单价/元	金额/元
B产品		件	300	180.00	54000.00
备注					

发货返财务

财务总监：代保珍　　制表人：杨明

业务39）-2

海南增值税专用发票

记　账　联

（全国统一发票监制章 海南 国家税务总局监制）

NO.0234571

开票日期：2013年12月17日

购货单位	名　　称：江州光大有限公司 纳税人识别号：392545893736840134 9 地 址、电 话：江州市建国路98号 开户行及账号：工行　4521658932568745456				密码区	（略）	
货物或应税劳务名称	规格型号	单位	数量	单价	金额	税率	税额
B产品		件	300	180.00	54 000.00	17%	9 180.00
合　计					¥54 000.00		¥9 180.00
价税合计（大写）	⊗陆万叁仟壹佰捌拾元整				（小写）¥63 180.00		
销货单位	名　　称：江州市吉利电器有限公司 纳税人识别号：618899154961786611 5 地 址、电 话：江州市幸福路129号　31586889 开户行及账号：工行江州市分行　5918336544786991899				备注	（江州市吉利电器有限公司 6188991549617866115 发票专用章）	

收款人：周州　　复核：李民　　开票人：李文海　　销货单位：（章）

第三联　记账联　销货方记账凭证

业务39）-3

中国工商银行 进账单（收账通知）　3

2013年12月17日

付款人	全　称	江州光大有限公司	收款人	全　称	江州市吉利电器有限公司
	账　号	4521658932568745456		账　号	5918336544786991899
	开户银行	工行江州市分行		开户银行	工行江州市分行
金额	人民币（大写）陆万叁仟壹佰捌拾元整			亿 千 百 十 万 千 百 十 元 角 分	¥ 6 3 1 8 0 0 0
票据种类		票据张数		（中国工商银行江州市分行 2013.12.17 转讫）	
票据号码					
	复核：周影　　记账：张山			收款人开户银行签章	

此联是银行交给收款人的收账通知

业务40）17日，开出转账支票，向江州都市报预订下年度报刊杂志订阅费1 200.00元。

业务40）-1

地税

段别

海南省江州市邮政局报刊发行发票

发 票 联

NO.8765540

户名：江州市吉利电器有限公司

地址：江州市幸福路129号

报刊代号	报刊名称	起止订期	订阅销售	份数	每月	月季	单价	总款合计
	江州都市报	2014全年						¥1200.00

开具人员：孙英　　收费人员：吴伟

业务40）-2

中国工商银行
转账支票存根
BH00657861

附加信息

出票日期：2013年12月17日

收款人：江州都市报	
金　额：1200.00元	
用　途：预订报刊杂志费	

单位主管　　会计

业务41）18日，副总经理王成赴广州参加新技术研讨会，借支1 300.00元，以现金支付。

业务41）

借款单

借款单位：厂办　　　　2013年12月18日

借款事由：参加新技术研讨会

人民币（大写）：壹仟叁佰元整　　　　¥1300.00

备注：赴广州开会　　现金付讫

单位负责人：胡枫　　　　借款人：王成

业务42）18日，河南无线电厂前欠货款15 000.00元，已逾期3年，经请示有关部门批准确认为坏账损失。

业务42）

公司董事：

我公司3年前售予河南无线电厂电缆，所欠货款15 000.00 元，至今未归还，根据《企业会计制度》的规定，应做坏账处理，请审核批准。

同意

公司董事　张洪明

2013年12月18日

江州市吉利电器有限公司 财务专用章

业务 43）19日，开出转账支票，向联想集团江州销售公司购买联想计算机5台，单价10 000.00元，增值税税率为17%，取得增值税专用发票1张。

业务43）-1

海南增值税专用发票

发 票 联

NO.0075913

开票日期：2013年12月19日

购货单位	名 称：江州市吉利电器有限公司 纳税人识别号：6188991549617866115 地 址、电 话：江州市幸福路129号 31586889 开户行及账号：工行江州市分行 5918336544786991899				密码区	（略）	
货物或应税劳务名称	规格型号	单位	数量	单价	金额	税率	税额
计算机		台	5	10 000.00	50 000.00	17%	8 500.00
合 计					¥50 000.00		¥8 500.00
价税合计（大写）	⊗伍万捌仟伍佰元整				（小写）¥58 500.00		
销货单位	名 称：联想集团江州销售公司 纳税人识别号：6238453852846574789 地 址、电 话：江州市新民路88号 66984168 开户行及账号：工行 4613791364585765349				备注	联想集团江州销售公司 6238453852846574789 发票专用章	

收款人：孙朋　　复核：张平　　开票人：胡月　　销货单位（章）：

第二联 发票联 购货方记账凭证

业务43）-2

中国工商银行
转账支票存根
BH00657863

附加信息

出票日期：2013年12月19日

收款人：	联想集团江州销售公司
金　额：	58500.00元
用　途：	购买计算机

单位主管　　会计

业务43）-3

固定资产交付使用单

使用部门：财务部　　　　日期：2013年12月19日

设备名称	计算机	设备编号	CJ05-08
规格型号	联想686	原始价值	50000.00元
精密程度	一级	预计使用年限	5年
生产单位	联想集团	预计净残值	4%
出厂日期	2013.12.10	交付使用日期	2013.12.19
验收项目	验收记录		负责人
运转状况	良好		陈臣
精度测试	良好		陈臣
达产程度	良好		陈臣
环境检查	良好		林飞
综合意见	可以投入使用		林飞

验收人：张有宝　　接受人：王峰　　设备主管：黎明　　财务主管：李民

业务44）19日，购进乙材料4 000千克，开出6个月的商业承兑汇票。

业务44）-1

湖北增值税专用发票

发　票　联

NO.0045273

开票日期：2013年12月19日

购货单位	名称：江州市吉利电器有限公司 纳税人识别号：618899154961786611 5 地址、电话：江州市幸福路129号　31586889 开户行及账号：工行江州市分行　5918336544786991899				密码区	（略）	
货物或应税劳务名称	规格型号	单位	数量	单价	金额	税率	税额
乙材料		千克	4 000	11.00	44 000.00	17%	7 480.00
合　计					¥44 000.00		¥7 480.00
价税合计（大写）	⊗伍万壹仟肆佰捌拾元整				（小写）¥51 480.00		
销货单位	名称：武汉金属材料公司 纳税人识别号：715223652643615975 3 地址、电话：武汉市和平路58号　54192683 开户行及账号：工行　6413281791643275167				备注	武汉金属材料公司 7152236526436159753 发票专用章	

收款人：陈秀　　复核：张涛　　开票人：田浩　　销货单位（章）：

第二联　发票联　购货方记账凭证

业务44）-2

商业承兑汇票

IX IV3192979

签发日期：2013年12月19日　　　　第102号

<table>
<tr><td rowspan="3">付款人</td><td>全　称</td><td>江州市吉利电器有限公司</td><td rowspan="3">收款人</td><td>全　称</td><td colspan="11">武汉金属材料公司</td></tr>
<tr><td>账　号</td><td>5918336544786991899</td><td>账　号</td><td colspan="11">6413281791643275167</td></tr>
<tr><td>开户银行</td><td>工行江州市分行</td><td>开户银行</td><td colspan="11">工行武汉市分行</td></tr>
<tr><td rowspan="2">金额</td><td colspan="4" rowspan="2">人民币（大写）伍万壹仟肆佰捌拾元整</td><td>亿</td><td>千</td><td>百</td><td>十</td><td>万</td><td>千</td><td>百</td><td>十</td><td>元</td><td>角</td><td>分</td></tr>
<tr><td></td><td></td><td></td><td>¥</td><td>5</td><td>1</td><td>4</td><td>8</td><td>0</td><td>0</td><td>0</td></tr>
<tr><td colspan="2">汇票到期日</td><td colspan="2">贰零壹肆年零陆月壹拾玖日</td><td colspan="12">交易合同号码　026</td></tr>
<tr><td colspan="4">备注：不带息商业承兑汇票</td><td colspan="12">负责人　张州　　　经办人　许强</td></tr>
</table>

此联签发人存根

业务44）-3

材料验收单

供货单位：武汉金属材料公司　　　　2013年12月19日

材料编号	材料名称	规格	单位	数量		实际成本/元			计划成本/元	
				应收	实收	单价	运杂费	金额合计	单价	金额
K-01	乙材料		千克	4000	4000	11.00		44000.00	9.00	36000.00

验收：张有宝　　　　采购：林超　　　　制单：王金光

业务45）19日，向江州慈善总会捐赠人民币3 000.00元，以转账支票支付。

业务45）-1

中国工商银行
转账支票存根
BH00657864

附加信息

出票日期：2013年12月19日

收款人：	江州市慈善总会
金　额：	3000.00元
用　途：	捐赠

单位主管　　　　会计

业务45）-2

江州市慈善总会

收　据

收款日期：2013年12月19日　　　　NO.159763

今收到：江州市吉利电器有限公司

交　来：捐赠款

人民币（大写）叁仟元整　　　　¥3000.00

备注：

江州市慈善总会
财务专用章

第二联　捐款人收执

收款单位：　　　　收款人：田野　　　　交款人：李强

业务46）22日，收到开户银行的存款利息收入112.48元。

业务46）

2013年12月22日10时15分

中国工商银行人民币计息通知单

中国工商银行江州市分行　　　　2013年12月22日

单位账号：5918336544786991899	单位名称：江州市吉利电器有限公司
应付利息：0.00　　应收利息：112.48	中国工商银行江州市分行 2013.12.22 转讫
摘要：计息期间　　2013.09.21—2013.12.20	

业务47）22日，收到银行付款通知，支付市电信总公司电话费1 523.96元。

业务47）

同城委托 收款凭证（付款通知）　4　托号码：00871

委托日期2013年12月22日　付款期限2013年12月25日

付款人	全称	江州市吉利电器有限公司		收款人	全称	江州市电信公司										
	账号	5918336544786991899			账号	5134687295173579516										
	开户银行	工行江州市分行			开户银行	工行江州市分行										
委收金额	人民币（大写）壹仟伍佰贰拾叁元玖角陆分					亿	千	百	十	万	千	百	十	元	角	分
										¥	1	5	2	3	9	6
款项	电话费	委托收款凭据名称			附寄单证张数	中国工商银行江州市分行 2013.12.22 转讫										
备注			付款单位注意： 1. 劳务供应双方签订协议后方能办理。 2. 如无协议，可备函说明，办理委托，将原款划回。													

此联付款人开户银行给付款人的付款通知

单位主管：郑一　会计：张三　复核：王二　记账：李四　付款人开户银行盖章

业务48）22日，购进甲材料7 000千克，货款已通过信汇方式付清。

业务48）–1

广西壮族自治区增值税专用发票

发票联

（全国统一发票监制章 广西 国家税务总局监制）

NO.0065228

开票日期：2013年12月22日

购货单位	名称：江州市吉利电器有限公司 纳税人识别号：618899154961786115 地址、电话：江州市幸福路129号　31586889 开户行及账号：工行江州市分行　5918336544786991899					密码区	（略）	
货物或应税劳务名称	规格型号	单位	数量	单价	金额	税率	税额	
甲材料		千克	7 000	13.00	91 000.00	17%	15 470.00	
合计					¥91 000.00		¥15 470.00	
价税合计（大写）	⊗壹拾万零陆仟肆佰柒拾元整				（小写）¥106 470.00			
销货单位	名称：南宁市五交化工厂 纳税人识别号：562389567845951765 3 地址、电话：南宁市中山路69号　46571392 开户行及账号：工行　3579159767193297294					备注	南宁市五交化工厂 562389567845951765 3 发票专用章	

第二联 发票联 购货方记账凭证

收款人：周秀　复核：潘涛　开票人：王浩　销货单位（章）：

业务48）-2

中国工商银行 信汇凭证（回单）　1

委托日期2013年12月22日

汇款人	全　称	江州市吉利电器有限公司	收款人	全　称	南宁市五交化工厂
	账　号	591833654478699189 9		账　号	357915976719329729 4
	汇出地点	海南 省　江州 市/县		汇入地点	广西 省　南宁 市/县
汇出行名称		工行江州市分行	汇入行名称		工行南宁市分行

金额		千	百	十	万	千	百	十	元	角	分
	人民币（大写）壹拾万零陆仟肆佰柒拾元整		¥	1	0	6	4	7	0	0	0

汇款用途：购材料	汇出行盖章
单位主管：赵冬　　会计：朱永	中国工商银行江州市分行 2013.12.22 转讫
复　核：张珍　　记账：邢颜	2013年12月22日

此联汇出行给汇款人的回单

业务48）-3

材料验收单

供货单位：南宁市五交化工厂　　2013年12月22日

材料编号	材料名称	规格	单位	数量		实际成本/元			计划成本/元	
				应收	实收	单价	运杂费	金额合计	单价	金额
J-01	甲材料		千克	7000	7000	13.00		91000.00	11.00	77000.00

验收：张有宝　　采购：林超　　制单：王金光

业务49）22日，武汉机械制造有限公司所持银行承兑汇票到期，该公司如期兑付100 000.00元。

业务49）　**委托收款凭证**（收款通知）　5　委托号码：00872

委托日期2013年12月22日　付款期限2013年12月25日

付款人	全　称	江州市吉利电器有限公司	收款人	全　称	武汉机械制造有限公司
	账　号	5918336544786991899		账　号	5497314652749546671
	开户银行	工行江州市分行		开户银行	工行武汉市分行

委收金额	人民币（大写）壹拾万元整	亿	千	百	十	万	千	百	十	元	角	分
				¥	1	0	0	0	0	0	0	0

款项	付银行承兑汇票款	委托收款凭据名称	银行承兑汇票	附寄单证张数	

备注：	付款人注意： 1. 应于见票当日通知开户行划款。 2. 如果提前付款或多付款时，应另外书面通知银行办理。 3. 如果全部或部分拒付，应在付款期限内另填拒绝付款理由书送银行办理。

此联付款人开户银行给付

单位主管：李强　会计：何明　复核：王琴　记账：刘悦　付款人开户银行收到日期2013年12月23日

业务50）23日，以信汇方式归还前欠长沙有色金属材料有限公司货款31 654.85元。

业务50）　中国工商银行 **信汇凭证**（收账通知）　4

委托日期2013年12月23日

汇款人	全　称	江州市吉利电器有限公司	收款人	全　称	长沙有色金属材料有限公司
	账　号	5918336544786991899		账　号	5647913764825743614
	汇出地点	海南 省　江州　市/县		汇入地点	湖南 省　长沙　市/县
汇出行名称		工商银行江州市分行	汇入行名称		工商银行长沙市分行

金额	人民币（大写）叁万壹仟陆佰伍拾肆元捌角伍分	千	百	十	万	千	百	十	元	角	分
				¥	3	1	6	5	4	8	5

汇款用途：货款		留行待取预留 收款人印章：
款项已收入收款人账户 中国工商银行江州市分行 2013.12.23 转讫 汇入行盖章 2013年12月23日	款项已收托 长沙有色金属材料有限公司 财务专用章 收款人盖章 2013年12月23日	科目（借） 对方科目（贷） 汇入行解汇日期　　年　月　日 复核　　出纳 记账

此联给收款人的收账通知或代取款收据单

业务51）23日，开出转账支票向江州市南方文具用品公司购买文件柜4个，单价340.00元，总价值1 360.00元，采用一次摊销法。

业务51）–1

海南省江州市货物销售发票

发 票 联

国税

发票代码：14635567757673

发票号码：02234551

客户名称：江州市吉利电器有限公司　地址：江州市幸福路129号　2013年12月23日填开

品名规格	单 位	数 量	单 价	金 额							备 注
				万	千	百	十	元	角	分	
文件柜	个	4	340.00		1	3	6	0	0	0	
金额合计（大写）⊗壹仟叁佰陆拾元整				¥	1	3	6	0	0	0	
销售方税务登记号											

第二联 发票联

填票人：吴新　收款人：王书　开票业户（盖章）：

（印章：江州市向南文具用品公司 发票专用章）

业务51）–2

中国工商银行
转账支票存根
BH00657865

附加信息

出票日期：2013年12月23日

收款人：	江州市向南文具用品公司
金 额：	1360.00元
用 途：	购买文件柜

单位主管　会计

业务51）–3

材料验收单

供货单位：江州市向南文具用品公司　2013年12月23日

材料编号	材料名称	规格	单位	数量	金 额/元	备注
	文件柜		个	4	1360.00	

保管验收：张有宝　采购员：王赐中

业务51）–4

低值易耗品摊销分配表

2013年12月23日

项　目	摊销时间	摊销金额/元	备　注
购买文件柜	12月份	1360.00	行政部门
合　计		1360.00	

财务总监：代保珍　　　　制表人：杨明

业务52）23日，接受河南东方红公司捐赠运输卡车一辆，用于企业货物运输，双方确认该车辆现行市价100 000.00元，尚有九成新，税务机关认定计税金额为90 000.00元。

业务52）

固定资产交付使用单

使用部门：销售部　　　　日期：2013年12月23日

设备名称	卡车	设备编号	GF5387607
规格型号	FDG33426	原始价值	90 000.00元
精密程度		预计使用年限	5年
生产单位		预计净残值	4%
出厂日期		交付使用日期	2013.12.23
验收项目	验收记录		负责人
运转状况	良好		王峰
精度测试	良好		王峰
达产程度	良好		王峰
环境检查	良好		宋荣
综合意见	可以使用		宋荣

验收人：张有宝　　接受人：王峰　　设备主管：黎明　　财务主管：李民

业务53）24日，委托江州市第二拉丝厂加工C自制半成品，把它加工成D材料，用于生产B产品，C自制成品的成本为21 138.12元；以转账方式支付加工费2 100.00元和进项税额357.00元，增值税税率为17%，是非应税消费品。

业务53）-1

送货单

收货单位：江州市第二拉丝厂　　2013年12月24日　　第102号

货号	品名	单位	数量	单价/元	金额/元	备注
	C自制半成品	个	2500	8.48	21138.12	

三、送货回执

经手人：林超

业务53）-2

海南增值税专用发票

发票联

（印章：全国统一发票监制章 海南 国家税务总局监制）

NO.0036485

开票日期：2013年12月24日

购货单位	名称：江州市吉利电器有限公司 纳税人识别号：6188991549617866115 地址、电话：江州市幸福路129号　31586889 开户行及账号：工行江州市分行　5918336544786991899	密码区	（略）

货物或应税劳务名称	规格型号	单位	数量	单价	金额	税率	税额
加工费					2 100.00	17%	357.00
合计					¥2 100.00		¥357.00
价税合计（大写）	⊗贰仟肆佰伍拾柒元整			（小写）¥2 457.00			

销货单位	名称：江州市第二拉丝厂 纳税人识别号：5623895678459517653 地址、电话：江州市海景路79号　65134857 开户行及账号：工行　6512894535716572264	备注	（印章：江州市第二拉丝厂 5623895678459517653 发票专用章）

收款人：金志　　复核：洪祥　　开票人：胡奇　　销货单位（章）：

第二联　发票联　购货方记账凭证

业务53）-3

中国工商银行
转账支票存根
BH00657866

附加信息

出票日期：2013年12月24日

收款人：	江州市第二拉丝厂
金　额：	2457.00元
用　途：	加工费

单位主管　　　会计

业务54）24日，开出转账支票支付江州市建筑工程公司承包仓库工程价款126 000.00元。

业务54）-1

湖南省江州市建筑安装行业专用发票

发　票　联

客户名称：江州市吉利电器有限公司　　2013年12月24日　　第0700095号

项　目	摘　要	单位	数量	单价	金额 百	十	万	千	百	十	元	角	分
	仓库工程款					1	2	6	0	0	0	0	0
合　计					¥	1	2	6	0	0	0	0	0
人民币合计（大写）	⊗壹拾贰万陆仟元整												
备　注													

单位盖章：　　会计：韩芬　　收款人：黄枚　　制表：江明

业务54）-2

中国工商银行
转账支票存根
BH00657867

附加信息

出票日期：2013年12月24日

收款人：	江州市建筑工程公司
金　额：	126000.00元
用　途：	仓库工程款

单位主管　　　　会计

业务55）24日，计算本年度长期借款利息120 000元（见月初"长期借款"账户金额为1 200.00元，年利率10%，仓库基建工程尚未交付使用）。

业务55）

长期借款计息单

2013年12月24日　　　　元

项　目	金　额	年利息率	利　息
长期借款	1200000.00	10%	120000.00
合　计			120000.00

发货返财务

财务总监：代保珍　　　　制表人：杨明

业务56）24日，向南昌机电公司销售A产品700件，单价200.00元，价款140 000.00元，增值税税率17%，销项税额23 800.00元，以转账支票支付代垫运杂费5 000.00元，收到期限为6个月的银行承兑汇票一张。

业务56）-1

产品销售单

2013年12月24日　　　　元

单　位	南昌机电公司			车号	
产品名称	规格	单位	计划数	单价	金额
A产品		件	700	200.00	140000.00
备　注					

发货返财务

财务总监：代保珍　　　　制表人：杨明

业务56）–2

海南增值税专用发票

记　账　联

NO.0234572

开票日期：2013年12月24日

购货单位	名　　称：南昌机电公司 纳税人识别号：3925458937368401349 地址、电话：南昌市富强路99号 开户行及账号：工行　2496587136489547754				密码区	（略）	
货物或应税劳务名称	规格型号	单位	数量	单价	金额	税率	税额
A产品		件	700	200.00	140 000.00	17%	23 800.00
合　计					¥140 000.00		¥23 800.00
价税合计（大写）	⊗壹拾陆万叁仟捌佰元整				（小写）¥163 800.00		
销货单位	名　　称：江州市吉利电器有限公司 纳税人识别号：6188991549617866115 地址、电话：江州市幸福路129号　31586889 开户行及账号：工行江州市分行　5918336544786991899				备注	江州市吉利电器有限公司 6188991549617866115 发票专用章	

收款人：周州　　复核：李民　　开票人：李文海　　销货单位：（章）

第三联　记账联　销货方记账凭证

业务56）–3

银行承兑汇票　2

出票日期　贰零壹叁年拾贰月贰拾肆日　　××××××

出票人全称	南昌机电公司	收款人	全　称	江州市吉利电器有限公司
出票人账号	2496587136489547754	收款人	账　号	5918336544786991899
付款行全称	工行南昌市分行	收款人	开户银行	工行江州市分行
出票金额	人民币（大写）壹拾陆万捌仟捌佰元整		千百十万千百十元角分	¥ 1 6 8 8 0 0 0 0
汇票到期日（大写）	贰零壹肆年陆月贰拾肆日	付款行	行　号	684217951436587
承兑协议编号		付款行	地　址	江西省南昌市富强路99号
本汇票请你行承兑，到期无条件付款。 南昌机电公司 财务专用章 公司人签章		本汇票已经承兑，到期日由本行付款。 承兑行签章 承兑日期2013年12月24日 备注：		复核：钱安 记账：印华

此联收款人开户行随托收凭证寄付款行作借方凭证附件

业务56）–4

代垫运费证明单

日期：2013年12月24日

购货单位	南昌机电公司	发往地点	江西省南昌市
货物名称	A产品	货物数量	700件
运费金额	大写：伍仟元整　　¥5000.00		
运输方式及票号	公路		

第二联　记账联

部门负责人：彭智　　　　经手人：毛业

业务56）–5

万全物流有限公司运输凭证

2013年12月24日

收货人姓名	南昌机电公司		托运人姓名	冯友						
收货人地址	江西省南昌市		托运人地址	江州市						
联系电话	67457981		收款情况	已收						
收货人签名	张雨		发货人签名	王洋						
身份证号码　321568197505263136				运费金额						
货物名称	编号		件数	万	千	百	十	元	角	分
A产品	14762		700件	¥	5	0	0	0	0	0
保险：货物总值 140000.00元　　保险费 500元										
合计金额（大写）　伍仟元整　　¥5000.00										
备注：										

制单：谭静

业务56）–6

中国工商银行
转账支票存根
BH00657868

附加信息

出票日期：2013年12月24日

收款人：	万全物流有限公司
金　额：	5000.00元
用　途：	代垫运费

单位主管　　　　会计

业务 57）24日，开出转账支票预付中国人民保险公司江州分公司下年度财产保险费24 000.00元。

业务57）-1

中国工商银行
转账支票存根
BH00657869

附加信息

出票日期：2013年12月24日

收款人：	中国人民财产保险公司江州公司
金　额：	24000.00元
用　途：	财产保险费

单位主管　　会计

业务57）-2

中国人民财产保险公司江州分公司
保险费收据

收费日期2013年12月24日

保单号码	56278	保险名称	财产保险
投保人	江州市吉利电器有限公司	缴费方式	转账支票
保　费		投保号码	
利　息			
预缴保费	24000.00元	（预缴月份2013年1月至2013年12月）	
人民币合计（大写）	贰万肆仟元整		

第二联　投保人存执

（印章：中国人民保险公司江州分公司 财务专用章）

业务员：吴涛　　代码：124　　收款员：王润　　保险公司盖章

业务58）25日，江州大富贸易公司为了包装产品，从我公司借包装物铁盒48个，现逾期未退，没收其押金13 161.60元。

业务58）

证　明

江州大富贸易公司借包装物铁盒48个，现逾期未退，违犯合同。根据合同规定：没收其押金13 161.60元，每个包装物铁盒收取押金为274.20元，每个包装物铁盒的成本为130.00元。

江州市吉利电器有限公司　包装物仓库
2013年12月25日

江州市吉利电器有限公司 财务专用章

业务59）25日，维修部张丽领用甲材料50千克。

业务59）

领料单（记账联）

领料部门：机修车间　　开单日期2013年12月25日　　编号：8036
发料仓库：　　发料日期2013年12月25日　　限　　天有效

货位编号	材料名称	型号规格	单位	数量		单价	金额
				请领	实领		
J-01	甲材料		千克	50	50	11	550
领料根据及用途：							

发料：　　材料计划：　　主管：　　领料：

业务60）25日，提取现金1 000元备用，开出现金支票一张。

业务60）

中国工商银行
现金支票存根
BH006754855

附加信息

出票日期：2013年12月25日

收款人：江州市吉利电器有限公司

金　额：1000.00元

用　途：提备用金

单位主管　　会计

业务 61）25日，开出转账支票一张，支付市运输公司运输费800元，行政部门耗用。

业务61）–1

汇付款通知单

收款单位	江州市运输公司		
汇入银行及账号	工行江州市分行　3568965425876524351		
汇付金额	800.00元		
汇款方式	转账支票	要求汇出时间	2013.12.25
汇款原因	运输费		
汇款通知人		部门负责人	
通知日期	2013.12.25	财务签收	余卓

业务61）–2

行政事业性收费专用收据

2013年12月25日

付款单位	江州市吉利电器有限公司	收费许可证									
付款项目	运输费	付款方式	金额								
			百	十	万	千	百	十	元	角	分
收费依据及标准		转账					8	0	0	0	0
		现金									
		其他									
		合计				¥	8	0	0	0	0
总金额（大写）人民币 捌佰元整											

业务61）–3

中国工商银行
转账支票存根
BH00657870

附加信息

出票日期：2013年12月25日

收款人：	江州市运输公司
金　额：	800.00元
用　途：	运输费

单位主管　　　会计

业务62）26日，预付上海建筑工程集团建造仓库工程款500 000.00元，以电汇方式支付。

业务62）-1

汇付款通知单

收款单位	上海建筑工程集团		
汇入银行及账号	工行上海市分行　6541928725769517357		
汇付金额	500000.00元		
汇款方式	电汇	要求汇出时间	2013.12.26
汇款原因	仓库工程款		
汇款通知人	江圆	部门负责人	李民
通知日期	2013.12.26	财务签收	

业务62）-2

中国工商银行 电汇凭证（回单）　　1

□普通□加急　　委托日期2013年12月26日

汇款人	全　称	江州市吉利电器有限公司	收款人	全　称	上海建筑工程集团
	账　号	5918336544786991899		账　号	6541928725769517357
	汇出地点	海南省江州市/县		汇入地点	省上海市/县
汇出行名称		工行江州市分行	汇入行名称		工行上海市分行
金额	人民币（大写）伍拾万元整				亿 千 百 十 万 千 百 十 元 角 分：¥ 5 0 0 0 0 0 0 0
汇出行签章（中国工商银行江州市分行 2013.12.26 转讫）			支付密码		
			附加信息及用途： 复核：刘云　记账：鲁明		

此联是汇出行交给汇款人的回单

业务62）-3

上海市建筑安装行业专用发票

（上海市 发票联 地方税务局监制）

客户名称：江州市吉利电器有限公司　　2013年12月26日　　第0700095号

项　目	摘　要	单位	数量	单价	百	十	万	千	百	十	元	角	分
	仓库工程款					5	0	0	0	0	0	0	0
合　计					¥	5	0	0	0	0	0	0	0
人民币合计（大写）	⊗伍拾万元整												
备　注													

单位盖章：（江州市建筑工程公司 发票专用章）　会计：李映芬　　收款人：张灯枚　　制表：郭明

业务63）26日，向江州义光公司销售B产品100件，单价180.00元，价款18 000.00元，增值税税率17%，销项税额为3 060.00元，款项通过银行转账收讫。

业务63）-1

产品销售单

2013年12月26日

单位	江州义光公司			车号	
产品名称	规格	单位	计划数	单价/元	金额/元
B产品		件	100	180.00	18000.00
备注					

发货返财务

财务总监：代保珍　　制表人：杨明

业务63)-2

海南增值税专用发票

记账联

N0.0234573

开票日期：2013年12月26日

购货单位	名称：江州义光公司 纳税人识别号：359543493626840 1497 地址、电话：江州市海光路56号 开户行及账号：工行　6518345762525146543				密码区	（略）	
货物或应税劳务名称	规格型号	单位	数量	单价	金额	税率	税额
B产品		件	100	180.00	18 000.00	17%	3 060.00
合计					¥18 000.00		¥3 060.00
价税合计（大写）	⊗贰万壹仟零陆拾元整				（小写）¥21 060.00		
销货单位	名称：江州市吉利电器有限公司 纳税人识别号：618891549617866115 地址、电话：江州市幸福路129号　31586889 开户行及账号：工行江州市分行　591833654478699 1899				备注	江州市吉利电器有限公司 618891549617866115 发票专用章	

第三联 记账联 销货方记账凭证

收款人：周州　　复核：李民　　开票人：李文海　　销货单位：（章）

业务63）-3

中国工商银行 进账单（收账通知） 3

2013年12月26日

付款人	全称	江州义光公司	收款人	全称	江州市吉利电器有限公司
	账号	6518345762525146543		账号	5918336544786991899
	开户银行	工行		开户银行	工行江州市分行

金额	亿	千	百	十	万	千	百	十	元	角	分
人民币（大写）贰万壹仟零陆拾元整				¥	2	1	0	6	0	0	0

票据总类		票据张数	
票据号码			
复核：谢成 记账：徐学			中国工商银行江州市分行 2013.12.26 转讫 收款人开户银行签章

此联是银行交给收款人的收账通知

业务64）26日，购进乙材料2 500千克，以信汇方式支付，材料已验收入库。

业务64）-1

山东增值税专用发票

发票联

N0.0045626

开票日期：2013年12月26日

购货单位	名称：江州市吉利电器有限公司 纳税人识别号：618899154961786115 地址、电话：江州市幸福路129号 开户行及账号：工行江州市分行 5918336544786991899	密码区	（略）

货物或应税劳务名称	规格型号	单位	数量	单价	金额	税率	税额
乙材料		千克	2 500	10.00	25 000.00	17%	4 250.00
合计					¥25 000.00		¥4 250.00
价税合计（大写）	⊗贰万玖仟贰佰伍拾元整				（小写）¥29 250.00		

销货单位	名称：青岛电气配件公司 纳税人识别号：342312567806956823 8 地址、电话：青岛市海秀路68号 65134795 开户行及账号：工行青岛市分行 8612134535713482581	备注	青岛电气配件公司 342312567806956823 8 发票专用章

收款人：杨业 复核：吴友 开票人：张建 销货单位（章）：

第二联 发票联 购货方记账凭证

业务64）–2

材料验收单

供货单位：青岛电气配件公司　　　　2013年12月26日

材料编号	材料名称	规格	单位	数量		实际成本/元			计划成本/元	
				应收	实收	单价	运杂费	金额合计	单价	金额
K-01	乙材料		千克	2500	2 500	10.00		25000.00	9.00	22500.00

验收：张有宝　　　　采购：林超制　　　　制单：王金光

业务64）–3

中国工商银行 信汇凭证（回单）　1

委托日期2013年12月26日

汇款人	全称	江州市吉利电器有限公司	收款人	全称	青岛电气配件公司
	账号	5918336544786991899		账号	8612134535713482581
	汇出地点	海南省江州市/县		汇入地点	山东省青岛市/县
汇出行名称		工行江州市分行	汇入行名称		工行青岛市分行
金额	人民币（大写）贰万玖仟贰佰伍拾元整				亿 千 百 十 万 千 百 十 元 角 分 ¥ 2 9 2 5 0 0 0
汇款用途：购材料			汇出行盖章		
单位主管：张伟　会计：曾敬 复核：周朋　记账：王芳			中国工商银行江州市分行 2013.12.26 转讫 2013年12月26日		

此联汇是出行给汇款人的回单

业务65）29日，请江州市运输公司从江州第二拉丝厂运回D材料，支付运费900元，开出转账支票一张；C自制半成品加工为D材料，已办理完验收入库手续。

业务65）–1

海南省江州市运输发票

发票联

（江州市地方税务局监制）

发票号码：0076029

2013年12月29日填开

项目	单位	数量	单价	万	十	千	百	十	元	角	分
运费							9	0	0	0	0
合计						¥	9	0	0	0	0
人民币（大写）⊗玖佰元整											

业务65）-2

中国工商银行
转账支票存根
BH00657871

附加信息

出票日期：2013年12月29日

收款人：江州市运输公司	
金　额：900.00元	
用　途：运费	

单位主管　　　会计

业务65）-3

入库单

单位：江州市吉利电器有限公司　　2013年12月29日　　第102号

货号	品名	单位	数量	单价/元	金　额/元	备注
L-01	D材料	件	700	34.48	24138.12	

二、交会计

负责人：张有宝　　　　经手人：王赐中

业务 66）29日，B产品领用D材料700件，其成本为24 138.12元（其中：C自制半成品的成本为21 138.12元，加工费为2 100.00元，运费为900.00元）。

业务66）

领料单（记账联）

领料部门：　　开单日期2013年12月29日　　编号：8037
发料仓库：　　发料日期2013年12月29日　　限　　天有效

货位编号	材料名称	型号规格	单位	数量		单价/元	金额/元
				请领	实领		
L-01	D材料		件	700	700	34.48	24138.12
领料根据及用途							

发料：　　材料计划：　　主管：　　领料：

业务 67）29日，江州市供电局委托银行收款，收取本公司电费40 000.00元，增值税税率17%，进项税额6 800.00元，取得增值税专用发票一张。

业务67）–1　　**同城委托收款凭证（付款通知）**　　4　　委托号码：00856

委托日期2013年12月29日　　付款期限2013年12月31日

付款人	全称	江州市吉利电器有限公司	收款人	全称	江州市供电局									
	账号	5918336544786991899		账号	6158794154631232249									
	开户银行	工行江州市分行		开户银行	工行江州市分行									
金额	人民币（大写）肆万陆仟捌佰元整				亿	千	百	十	万	千	百	十	元	角	分
								¥	4	6	8	0	0	0	0
款项	电费		委托收款凭据名称		中国工商银行江州市分行 2013.12.29 转讫									
备注：			付款单位注意： 1. 劳务供应双方签订协议后方能办理。 2. 如无协议，可备函说明，办理委托，将原款划回。											

此联是付款人开户银行给付款人的付款通知

单位主管：梁秀　　会计：张汉　　复核：黄雄　　记账：金芳　　付款人开户银行盖章

业务67）–2

海南增值税专用发票

发票联

NO.0012358

开票日期：2013 年 12 月29日

购货单位	名　　称：江州市吉利电器有限公司 纳税人识别号：618899154961786611 5 地 址、电 话：江州市幸福路129号　31586889 开户行及账号：工行江州市分行　5918336544786991899				密码区	（略）	
货物或应税劳务名称	规格型号	单位	数量	单价	金额	税率	税额
电费			50 000	0.80	40 000 .00	17%	6 800.00
合　计					¥40 000 .00		¥6 800.00
价税合计（大写）	⊗肆万陆仟捌佰元整					（小写）¥46 800.00	
销货单位	名　　称：江州市供电局 纳税人识别号：5723658642364668147 地 址、电 话：江州市沙玉路75号　64238745 开户行及账号：工行江州市分行　6158794154631232249				备注	江州市供电局 5723658642364668147 发票专用章	

第二联 发票联 购货方记账凭证

收款人：刘直　　复核：洪山　　开票人：张珍　　销货单位（章）：

业务67）-3

江州市供电局电费

收 据

2013年12月29日

户名：江州市吉利电器有限公司						
注册号	编号	指数	用电度数	金额/元	地址	备注
673	59	54793	50000	46800.00		
合计（大写）⊗肆万陆仟捌佰元整						

业务 68）29日，江州市自来水公司委托银行收取水费45 000元，增值税税率17%，进项税额7 650元，取得增值税专用发票一张。

业务68）-1

同城委托收款凭证（付款通知） 4

委托号码：00856

委托日期 2013年12月29日　　付款期限2013年12月31日

付款人	全　称	江州市吉利电器有限公司	收款人	全　称	江州市自来水公司										
	账　号	5918336544786991899		账　号	6151794354931238468										
	开户银行	工行江州市分行		开户银行	工行江州市分行										
金额	人民币（大写）伍万贰仟陆佰伍拾元整				亿	千	百	十	万	千	百	十	元	角	分
								¥	5	2	6	5	0	0	0
款项	水费	委托收款凭据名称			附寄单证张数										
备注：		付款单位注意： 1. 劳务供应双方签订协议后方能办理。 2. 如无协议，可备函说明，办理委托，将原款划回。 中国工商银行江州市分行 转讫													

此联付款人开户银行给付款人付款通知

单位主管：张发　会计：　复核：陈守才　记账：于芳　付款人开户银行盖章

业务68）-2

海南增值税专用发票

发　票　联

NO.0078938

开票日期：2013年12月29日

购货单位	名　　称：江州市吉利电器有限公司 纳税人识别号：618899154961786611 5 地 址、电 话：江州市幸福路129号　31586889 开户行及账号：工行江州市分行　5918336544786991899				密码区	（略）	
货物或应税劳务名称	规格型号	单位	数量	单价	金额	税率	税额
水费		吨	15 000	3.00	45 000.00	17%	7 650.00
合　计					¥45 000.00		¥7 650.00
价税合计（大写）	⊗伍万贰仟陆佰伍拾元整				（小写）¥52 650.00		
销货单位	名　　称：江州市自来水公司 纳税人识别号：642365254212469543 8 地 址、电 话：江州市沙玉路99号　65476821 开户行及账号：工行江州市分行　6151794354931238468				备注	江州市自来水公司 642365254212469543 8 发票专用章	

收款人：郭建　　复核：张发　　开票人：吴荣　　销货单位（章）：

第二联 发票联 购货方记账凭证

业务68）-3

江州市自来水公司水费
收　据

2013年12月29日

户名：江州市吉利电器有限公司						
注册号	编号	指数	水量（m³）	金额/元	地址	备注
328	5	40981	15000	52650.00		
合计（大写）⊗伍万贰仟陆佰伍拾元整						

业务69）29日，计提本月固定资产折旧。

业务69）

固定资产折旧表

2013年12月29日　　　　元

固定资产名称	类别	单位	数量	使用年限	原　值	残　值	年折旧额	月折旧额	使用部门
生产车间	房屋	m^2	600	30	940 160.18	47 008.01	19 771.74	2 480.98	一车间
生产车间	房屋	m^2	500	30	641 902.77	32 095.10	20 326.92	1 693.91	二车间
维修车间	房屋	m^2	300	30	286 601.35	14 330.07	9 075.71	756.31	机修车间
办公室及仓库	房屋	m^2	400	30	720 343.65	36 017.18	22 810.88	1 900.91	厂办
生产设备	机器设备	套	1	10	509 754.26	25 487.71	48 426.66	4 035.55	一车间
生产设备	机器设备	套	1	10	451 816.84	22 590.84	42 922.60	3 576.88	二车间
机修设备	机器设备	套	1	10	93 614.21	4 680.71	8 893.35	741.11	机修车间
合　计					3 644 193.26		172 227.86	15 185.65	

财务总监：代保珍　　　　制表人：杨明

业务70）29日，计提本月短期借款利息190元，借款本金38 000.00元，年利率6%。

业务70）

短期借款计息单

2013年12月29日

项　目	金额/元	年利息率	月利息/元
短期借款	38 000.00	6%	190.00
合　计			190.00

财务总监：代保珍　　　　制表人：杨明

业务71）29日，摊销由本月负担的报刊杂志费100元、财产保险费2 000元、行政部门机器设备修理费500元。

业务71）

预付费用摊销分配表

2013年12月29日

项　目	摊销时间	摊销金额/元	备　注
报刊费	12月份	100.00	行政部门
财产保险费	12月份	2 000.00	行政部门
修理费	12月份	500.00	行政部门
合　计	12月份	2 600.00	

财务总监：代保珍　　　　制表人：杨明

业务72）29日，摊销专利权1 000元。

业务72）

无形资产摊销分配表

2013年12月29日

项　目	摊销时间	摊销金额/元	备　注
专利权	12月份	1 000.00	行政部门
合　计	12月份	1 000.00	

财务总监：代保珍　　　　　　　　　　制表人：杨明

业务73）30日，机修车间职工林岚报销差旅费425.60元，以现金支付。

业务73）

差旅费报销单

单位名称：机修车间　　　　出差起止日期由2013年12月22日至2013年12月24日

出差人姓名：林岚			出差地点：万宁			出差天数：3		事由：购材料	
飞机车船及住宿	种　类	票据张数	金　额	出差补助费	出差地点	天数	标准	金额	报销结算情况
	火车票				万宁	3	50	150.00	原出差借款　　元，报销425.60元，补　　元，退还　　元。
	市内汽车费	10	15.60						
	住宿费	1	100.00						
	其他车补								
	长途汽车费	2	160.00						
									说明 负责人　支领人 王春　　林岚 2013年12月30日
	小计		275.60						
合计金额	大写：肆佰贰拾伍元陆角整						￥425.60		

业务74）30日，收到吉林电器公司前欠货款302 156.78元，款项存入银行。

业务74）　　中国工商银行 信汇凭证（收账通知）　　4

委托日期2013年12月30日

汇款人	全　称	吉林电器公司	收款人	全　称	江州市吉利电器有限公司
	账　号	479258196573546275		账　号	5918336544786991899
	汇出地点	吉林省吉林市/县		汇入地点	海南省江州市/县
汇出行名称		工行吉林市分行	汇入行名称		工行江州市分行

金额	亿	千	百	十	万	千	百	十	元	角	分
人民币（大写）叁拾万贰仟壹佰伍拾陆元柒角捌分			¥	3	0	2	1	5	6	7	8

汇款用途：货款		留行待取预留 收款人印章
款项已收入 收款人账户 （中国工商银行江州市分行 2013.12.30 转） 汇入行盖章 2013年12月30日	款项已收托 （江州市吉利电器有限公司 财务专用章） 收款人盖章 2013年12月30日	科目（借）______ 对方科目（贷）______ 汇入行解汇日期　　年　月　日 复核　　　出纳 记账

此联给收款人的收账通知或代取款收据单

业务75）30日，按本月工资发生地点及用途分配工资费用399 020 .00元。

业务75）-1

工资核算表

2013年12月30日　　元

部门	姓名	基本工资	岗位津贴	奖金	应发工资	扣发款项				实发工资	签字
						养老保险	医疗保险	公积金	个人所得税		
厂办	胡枫	6 000	500	1 000	7 500	600	225	375	520	5 780.00	
厂办	王成	5 000	400	500	5 900	472	177	295	318.4	4 637.60	
厂办	张洪明	4 500	300	400	5 200	416	156	260	230.2	4 137.80	
厂办	陈同	2 000	200	200	2 400	192	72	120	0.8	2 015.20	
行政部	丁一	3 500	300	300	4 100	328	123	205	119.4	3 324.60	
行政部	毛谷	2 000	200	150	2 350	188	70.5	117.5	0	1 974.00	
财务部	代保珍	5 000	200	150	5 350	428	160.5	267.5	249.1	4 244.90	
财务部	李民	4 000	200	150	4 350	348	130.5	217.5	140.4	3 513.60	
财务部	李文海	3 500	200	150	3 850	308	115.5	192.5	98.4	3 135.60	
财务部	周州	3 000	200	150	3 350	268	100.5	167.5	56.4	2 757.60	
财务部	李群	2 100	200	150	2 450	196	73.5	122.5	2.9	2 055.10	
销售部	彭智	3 500	300	300	4 100	328	123	205	119.4	3 324.60	
销售部	温暖	1 800	200	150	2 150	172	64.5	107.5	0	1 806.00	
销售部	唐甸甸	1 500	200	150	1 850	148	55.5	92.5	0	1 554.00	
采购部	王赐中	3 000	300	150	3 450	276	103.5	172.5	64.8	2 833.20	
采购部	林超	2 000	200	150	2 350	188	70.5	117.5	0	1 974.00	
采购部	吴梅	1 500	200	150	1 850	148	55.5	92.5	0	1 554.00	
生产部	黄连素	3 000	300	300	3 600	288	108	180	77.4	2 946.60	
生产部	刘维	2 600	200	150	2 950	236	88.5	147.5	23.9	2 454.10	
生产部	郑云	1 800	200	150	2 150	172	64.5	107.5	0	1 806.00	
生产部	侯珊	1 400	200	150	1 750	140	52.5	87.5	0	1 470.00	
仓储部	张有宝	3 000	300	300	3 600	288	108	180	77.4	2 946.60	
仓储部	王金光	2 500	200	150	2 850	228	85.5	142.5	19.7	2 374.30	
仓储部	王峰	1 500	200	150	1 850	148	55.5	92.5	0	1 554.00	
仓储部	申兰	1 400	200	150	1 750	140	52.5	87.5	0	1 470.00	
维修部	黎明	2 500	300	300	3 100	248	93	155	35.4	2 568.60	
维修部	张兰	2 000	200	150	2 350	188	70.5	117.5	0	1 974.00	
维修部	谭讯	1 500	200	150	1 850	148	55.5	92.5	0	1 554.00	
……	……	…	…	…	…	…	…	…	…	…	
合　计		296 930	44 740	57 350	399 020	31 921.6	11 970.6	19 951	6 711	328 465.80	

部门负责人：李群　　　　制表人：杨明

业务75）-2

工资汇总表

2013年12月30日　　　　元

部门	备注	基本工资	岗位津贴	奖金	应发工资	扣发款项				实发工资	签字
						养老保险	医疗保险	公积金	个人所得税		
厂办	管理费用	17 500	1 400	2 100	21 000	1 680	630	1 050	1 069.4	16 570.6	
行政部		5 500	500	450	6 450	516	193.5	322.5	119.4	5 298.6	
财务部		17 600	1000	750	19 350	1 548	580.5	967.5	547.2	15 706.8	
一车间（采购部）	制造费用	8 800	900	750	10 450	836	313.5	522.5	101.3	8 676.7	
二车间（采购部）		6 500	700	450	7 650	612	229.5	382.5	64.8	6 361.2	
生产车间（干部）		30 000	9 000	12 000	51 000	4 080	1 530	2 550	4 236	38 604	
生产车间（工人）	基本生产成本	189 830	28 940	38 900	257 670	20 613.6	7 730.1	12 883.5	321	216 122	
销售部	销售费用	6 800	700	600	8 100	648	243	405	119.4	6 684.6	
仓储部		8 400	900	750	10 050	804	301.5	502.5	97.1	8 344.9	
维修部	辅助生产成本	6 000	700	600	7 300	584	219	365	35.4	6 096.6	
合　计		296 930	44 740	57 350	399 020	31 921.6	11 970.6	19 951	6 711	328 465.80	

部门负责人：李群　　　　制表人：杨明

备注：生产工人，A产品占60%、B产品占40%；生产车间干部，一车间占60%、二车间占40%。

业务75）-3

计提各项保险及经费表

元

部门	养老保险（20%）	医疗保险（8%）	公积金（5%）	工伤保险（1%）	失业保险（2%）	工会经费（2%）	合　计
制造费用（一车间）	8 210.00	3 284.00	2 052.50	410.50	821.00	821.00	15 599.00
制造费用（二车间）	5 610.00	2 244.00	1 402.50	280.50	561.00	561.00	10 659.00
基本生产（A产品）	30 920.40	12 368.16	7 730.10	1 546.02	3 092.04	3 092.04	58 748.76
基本生产（B产品）	20 613.60	8 245.44	5 153.40	1 030.68	2 061.36	2 061.36	39 165.84
辅助生产	1 460.00	584.00	365.00	73.00	146.00	146.00	2 774.00
管理费用	9 360.00	3 744.00	2 340.00	468.00	936.00	936.00	17 784.00
销售费用	3 630.00	1452.00	907.50	181.50	363.00	363.00	6 897.00
合　计	79 804.00	31 921.60	19 951.00	3 990.20	7 980.40	7 980.40	151 627.60

业务76）30日，开出转账支票划转工会经费7 980.40元。

业务76）-1

中国工商银行
转账支票存根
BH00657872

附加信息

出票日期：2013年12月30日

收款人：	江州市总工会
金　额：	7980.40元
用　途：	工会经费

单位主管　　　　会计

业务76）-2

江州市企业单位

往来收据

收款日期：2013年12月30日　　　　　　　　　　　　NO.23408

今收到：江州市吉利电器有限公司

交　来：工会经费

人民币（大写）柒仟玖佰捌拾元肆角整　　　¥7980.40

备注：

江州市总工会 财务专用章

第二联　缴款人收执

收款单位：（盖章）　　　　收款人：田诚　　　　交款人：李守法

业务77）31日，根据本月材料消耗情况编制的材料汇总表，分摊本月发出材料应负担的材料成本差异。

业务77）-1

材料消耗汇总表

2013年12月31日

用途 \ 材料名称		主要材料				辅助材料	
		甲材料		乙材料		备件金额	
		数量/千克	金额/元	数量/千克	金额/元	数量/千克	金额/元
产品领用	A产品	30 000	330 000.00				
	B产品			20 000	180 000.00		
生产车间一般耗费领用	一车间	80	880.00	50	450.00		
	二车间	60	660.00	30	270.00		
辅助车间领用	机修车间	100	1 100.00	40	360.00		
行政管理部门		35	385.00	35	315.00		
其他业务成本		50	550.00				
合　计		30 325	333 575.00	20 155	181 395.00		

财务总监：代保珍　　　　　　　　　　　　制表人：杨明

业务77）–2

材料成本差异计算费用表

2013年12月30日

元

项目 材料名称	实际成本	计划成本	材料成本差异
甲材料	187 000.00	165 000.00	22 000.00
乙材料	129 000.00	112 500.00	16 500.00
合　计	316 000.00	277 500.00	38 500.00

财务总监：代保珍　　　　制表人：杨明

业务77）–3

甲材料成本差异分配表

2013年12月31日

元

部门（科目）	材料计划成本	材料成本差异率/（%）	分摊材料成本差异
产品领用：		（11 286.82+22 000）÷（253 000+165 000）=0.079 6	
A产品	330 000.00		26 268.00
B产品			
车间一般消耗			
一车间	880.00		70.05
二车间	660.00		52.54
辅助车间领用：			
机修车间	1 100.00		87.56
行政管理部门	385.00		30.65
其他业务成本	550.00		43.78
合　计	333 575.00		26 552.58

财务总监：代保珍　　　　制表人：杨明

业务77）-4

乙材料成本差异分配表

2013年12月31日　　元

部门（科目）	材料计划成本	材料成本差异率/（%）	分摊材料成本差异
产品领用:		（5 492.18+16 500）÷（171 000+112 500）=0.077 6	
A产品	180 000.00		13 968.00
B产品			
车间一般消耗			
一车间	450.00		34.92
二车间	270.00		20.95
辅助车间领用:			
机修车间	360.00		27.94
行政管理部门	315.00		24.44
其他业务成本			
合　计	181 395.00		14 076.25

财务总监: 代保珍　　制表人: 杨明

业务78）31日，分配本月电费40 000.00元（本月共耗电50 000度，其中：一车间耗电28 000度，二车间耗电12 000度，机修车间耗电6 000度，行政部门耗电4 000度）。

业务78）

电费分配表

2013年12月31日

部门 \ 项目		耗电量/度	分配率/（%）	分配金额/元
基本生产车间	一车间	28 000.00	0.80	22 400.00
	二车间	12 000.00		9 600.00
小　计		40 000.00		32 000.00
机修车间		6 000.00		4 800.00
行政部门		4 000.00		3 200.00
合　计		50 000.00		40 000.00

财务总监: 代保珍　　制表人: 杨明

业务79）31日，分配本月水费45 000.00元（本月共耗水50 000吨，其中：一车间耗水21 000吨，二车间耗水18 000吨，机修车间耗水6 500吨，行政部门耗水4 500吨）。

业务79）

水费分配表

2013年12月31日

部门＼项目		耗水量/吨	分配率（%）	分配金额/元
基本生产车间	一车间	21 000	0.90	18 900.00
	二车间	18 000		16 200.00
小　计		3 900		35 100.00
机修车间		6 500		5 850.00
行政部门		4 500		4 050.00
合　计		50 000		45 000.00

财务总监：代保珍　　　　制表人：杨明

业务80）31日，分配并结转辅助生产费用（本月机修车间总工时为5 000工时，其中：一车间耗费2 400工时，二车间耗费2 000工时，行政部门耗费600工时）。

业务80）

辅助生产费用分配表

2013年12月31日

收益部门	维修工时/小时	分配率/（%）	分配金额/元
一车间	2 400	（25 719.78 ÷ 5 000）=5.14	12 336.00
二车间	2 000		10 280.00
行政部门	600		3 103.78
合　计	5 000		25 719.78

财务总监：代保珍　　　　制表人：杨明

业务81）31日，分配并结转制造费用。

业务81）

制造费用分配表

2013年12月31日　　　　元

收益产品	制造费用（一车间）	制造费用（二车间）	分配金额
A产品	126 928.50		126 928.50
B产品		88 467.28	88 467.28
合　计			215 395.78

财务总监：代保珍　　　　制表人：杨明

业务82）31日，计算并结转完工产品的生产成本。

业务82）-1

产品成本计算单

产品名称：A产品　　2013年12月31日　　元

项　目	直接材料	直接人工	制造费用	合　计
月初在产品成本	15 134.69	8 438.24	7 646.52	31 219.45
本月生产费用				
生产费用合计				
约当产量				
分配率				
月末完工产品成本				
月末在产品成本				

财务总监：代保珍　　制表人：杨明

业务82）-2

产品成本计算单

产品名称：B产品　　2013年12月31日　　元

项　目	直接材料	直接人工	制造费用	合　计
月初在产品成本/元	11 849.26	7 749.38	6 903.43	26 502.07
本月生产费用				
生产费用合计				
约当产量				
分配率				
月末完工产品成本				
月末在产品成本				

财务总监：代保珍　　制表人：杨明

业务83）31日，结转已销产品的生产成本。

业务83）-1

产品销售汇总单

2013年12月31日　　　　元

名称及规格	销售时间	计量单位	数量	单位成本	总成本
A产品	2013.12.04	件	900		
A产品	2013.12.12	件	600		
A产品	2013.12.24	件	700		
合　计			2 200		

财务总监：代保珍　　　　制表人：杨明

业务83）-2

产品销售汇总单

2013 年 12 月31日　　　　元

名称及规格	销售时间	计量单位	数　量	单位成本	总成本
B产品	2013.12.05	件	800		
B产品	2013.12.15	件	500		
B产品	2013.12.17	件	300		
B产品	2013.12.26	件	100		
合　计			1 700		

财务总监：代保珍　　　　制表人：杨明

业务84）31日，计算本月应交增值税，结转本月应交未交的增值税，按本月应交增值税税额的7%计算本月应交城乡维护建设税；按本月应交增值税税额的3%计算本月应交教育费附加。

业务84）

增值税纳税申报表

纳税人名称								微机编号			
纳税期限	年　月　日		税款所属期限		年　月　日至　年　月　日			税务登记证号码			
应税货物或劳务名称	计税数量	计量单位	计税依据	生产率或征收率	销项税额	进项税额		应纳税额	减免税额	批准缓税额	本期申报应纳税额
						合计	其中：本期允许抵扣				
1	2	3	4	5	6=4*5	7	8	9=6−8	10	11	12=9−10−11
合计											
城建税											
教育费附加											
附列资料	增值税专用发票领、用、存情况		零购数量（组）		使用数量（组）			作废数量（组）		结存数量（组）	
申报单位可代理机构	申报人或代理人：（公章） 申报日期　年　月　日					税务机关审核	审理日期： 审核时间： 审 核 人：　（章）				

业务85）31日，计算房产税、车船使用税和土地使用税。

业务85）–1

房产税计算表

2013年12月31日　　元

房产原值	年税率	扣除率	房产税额	本月税额
2 589 007.95	1.2%	30%		

业务85）–2

车船使用税计算表

2013年12月31日　　元

项　目	车船使用税	年税额
客车5T	180元/辆	900
货车10T	60元/吨位	600
工具车5T	60元/吨位	300
合　计		1 800

业务85）–3

土地使用税计算表

2013年12月31日　　元

土地面积/m^2	年税额（2元/m^2）	本月税额
40 000	80 000.00	6 666.67

业务86）31日，新大洲债券市价为65 600元，确认公允价值变动损益。

业务86）

交易性金融资产公允价值变动计算表

2013年12月31日　　元

交易性金融资产	账面余额	市　价	公允价值变动损益
新大洲债券	57 100.00	65 600.00	8 500.00
合　计	57 100.00	65 600.00	8 500.00

财务总监：代保珍　　制表人：杨明

业务87）31日，期末存货的可变现净值为1 769 445.53元，计提存货跌价准备。

业务87）

存货跌价准备计算表

2013年12月31日　　元

存货类账户名称	期末余额	期末可变现净值	存货跌价准备额
库存商品		1 395 914.34	
原材料		186 343.47	
基本生产成本		170 514.23	
低值易耗品		2 037.96	
材料成本差异		14 635.53	
合　计		1 769 445.53	

财务总监：代保珍　　制表人：杨明

业务88）31日，年末按“应收账款”和“其他应收款”期末余额的5‰提取坏账准备。

业务88）

坏账准备计算表

2013年12月31日　　元

项　目	期末余额	计提比例/（‰）	计提坏账准备
应收账款		5	
其他应收款		5	

财务总监：代保珍　　制表人：杨明

业务89）31日，结转本月收入类账户余额至“本年利润”账户。

业务89）

收益类账户本月发生额汇总表

2013年12月31日　　元

收益类账户	金　额
主营业务收入	
其他业务收入	
投资收益	
营业外收入	
公允价值变动损益	
合　计	

财务总监：代保珍　　制表人：杨明

业务90）31日，结转本月成本费用类账户余额至“本年利润”账户。

业务90）

成本费用类账户本月发生额汇总表

2013年12月31日　　元

成本费用类账户	金　额
主营业务成本	
营业税金及附加	
其他业务成本	
销售费用	
财务费用	
管理费用	
营业外支出	
资产减值损失	
合　计	

财务总监：代保珍　　制表人：杨明

业务91）31日，计算本月应交所得税，所得税税率为25%。

业务91）

所得税计算表

2013年12月31日　　元

项　目	金　额
税前会计利润	
应税所得	
所得税率	25%
本期应交所得税	
本期所得税费用	

财务总监：代保珍　　制表人：杨明

业务92）31日，将本月的“所得税”结转至“本年利润”账户。

（本项业务不需要原始凭证）

业务 93）31日，将本年的"本年利润"结转至"利润分配——未分配利润"账户。

业务93）

税后利润计算分配表

2013年12月31日　　元

项　目	金　额
1—11月税后利润	1 400 426.83
12月税后利润	
本年税后利润	

财务总监：代保珍　　制表人：杨明

业务94）31日，按本年税后利润的10%提取法定盈余公积，按本年税后利润的5%提取任意盈余公积。

业务94）

利润分配计算表

2013年12月31日　　元

利润分配项目	分配比例/（%）	金　额
提取盈余公积	10	
提取任意盈余公积	5	

财务总监：代保珍　　制表人：杨明

业务95）31日，将利润分配的其他明细账户的余额结转至"利润分配——未分配利润"账户。

（本项业务不需要原始凭证）

第五章 电算化实训

本章要求在手工账的基础上完成会计电算化的操作过程，即系统学习系统管理、基础设置、日常业务处理的主要内容和操作方法、现金管理的内容和处理方法、熟悉期末业务的内容和处理方法、掌握如何调用UFO报表模板创建会计报表。

一、实训组织设计

财务软件是按角色来分工的。根据工作量大小的不同，一个人可以担任多个角色的工作，也可以由多个人共同担任同一角色。本实训组织的设计，建议采用分岗分角色的方式进行。因此，实训人员对各个角色应当从事的会计工作才会建立起直观的概念，对岗位也才会有比较深入的理解。电算化实账训练中涉及的角色及相应工作内容如表5.1所示。

表5.1　电算化实账训练角色及工作内容

角　色	工作内容
系统管理员	操作员及权限管理； 企业账套管理； 系统运行监控，清除异常任务，排除运行故障； 定期备份数据，输出账套，自动备份计划
账套主管	对财务系统的运行负责，确定企业各项管理需求
财务主管	制定会计核算规则，有效组织财务工作，为各级管理者提供所需要的管理信息
总账会计	期初余额输入、凭证输入、账簿查询、报表编制
材料会计	审核原始凭证，编制记账凭证； 对材料收、发、存数量和金额进行核算； 编制材料收、发、存汇总表
往来会计	销售款项的结算和记录，监督货款回收； 应收业务处理及分析； 采购款项的结算和记录； 应付业务处理及分析
成本会计	审核原始凭证，输入记账凭证； 成本核算、成本分析

（续表）

角　色	工作内容
资产管理会计	对固定资产进行分类核算； 正确计算固定资产的入账价值； 正确计算折旧； 固定资产清查及盘点； 固定资产数据分析及报表编制
出纳	负责企业现金收支工作； 确保现金和各种票据的安全、完整； 每日盘点现金，做到账实相符

二、实训学习内容

会计电算化是利用财务软件进行会计处理，实训程序与手工账有所区别。为了在规定的实训期间达到实训要求，必须遵守一定的程序，具体有以下几点。

（1）实训前，首先应了解会计主体，也就是模拟企业的基本情况、会计政策及管理要求。这部分内容在前面已经做过手工账实训，因此本步骤可以跳过。

（2）确定实训组织方式，明确每位实训人员的岗位及职责。电算化实训，可以一人担任所有的角色，完成所有的实训工作，也可以分角色实训。无论选择怎样的实训组织方式，实训人员都必须明白每个角色所应当完成的工作。

如果分角色完成实训，可以按照3人一组分工，也可以按4人或更多人一组分工。人员组成不同，担任的相应角色也会有区别。为了了解和掌握不同岗位的工作要求和技能，建议实训的同学在不同的岗位轮岗实习。

如果按4人一组组成财务部，实训岗位可按如下设置。

① 账套主管+财务主管。基础设置、输入期初余额，全面负责财务部的工作，建立账套；审核会计凭证、记账（取消记账）、转账定义及生成、对账、结账（取消结账）；编制财务报表。

② 总账会计：日常总账系统的会计处理、在UFO报表系统编制报表；打印会计凭证和科目汇总表并与原始单据粘贴、装订成册、打印账簿保存（会计可设2 人，财务主管也可分担会计工作，可按表5.1中第4项至第8项进行分工）。

③ 出纳：银行对账单的输入、银行对账余额调节、勾对银行账及核销银行账；对涉及现金、银行存款的凭证签字确认；资金分析、编制资金报表。

（3）根据整理好的企业资料，完成建账工作。为了统计和分析的需要，在进行会计电算化工作以前，必须将该企业的相关信息输入计算机系统。本部分工作，应当由各个角色的实训人员配合完成。

（4）日常经济业务处理。根据发生的经济业务，分角色完成凭证的输入、审核和记账工作。

（5）期末会计工作。期末，主要完成银行对账、自动转账生成、对账、编制报表、结账等工作。

（6）数据备份和输出。月末，企业应打印凭证、账簿和报表，并将打印的会计凭证、科目汇总表与原始单据粘贴、装订成册，妥善保存。

（7）编写实训报告。

（8）考核评价。实训结束后，指导教师根据学生的表现，如分析和解决问题的能力、工作质量，进行考核，评定成绩。

三、实训工作程序

（一）系统初始化

1. 设置操作员，进行权限分配

账套主管——代保珍：具有账套管理权，拥有本账套的全部权限。

会计——李民：具有总账、报表模块全部权限。

会计——李文海：具有工资、固定资产模块全部权限。

出纳——周州：具有现金管理权限。

2. 建立账套

账套号：可自行设定3位数，或实训教师分配数字设置；

账套名称：江州市吉利电器有限公司；

启用日期：2013-12-01；会计期间设置：01月01日—12月31日；

单位名称：江州市吉利电器有限公司；

单位简称：江州电器；

地址：江州市幸福路129号；

法人代表：胡枫；

纳税人登记号：6188991549617866115；

开户银行：工商银行江州市分行；账号：5918336544786991899（人民币户）；

本币代码：RMB；

本币名称：人民币；

企业类型：工业；

行业性质：2007新会计准则（建账时按行业性质预置科目）；

账套主管：代保珍；

选择存货进行分类、客户进行分类及供应商进行分类；

无外币核算；

会计科目编码级次：42222；客户分类编码级次：12，其他参数选择默认；存货数量、存货单价、开票单价、件数及换算率的小数位均为2；根据需要选择应启用的模块。

（二）总账系统基础及日常账务处理

（1）机构设置。

① 部门档案如表5.2所示。

表5.2　部门档案

编　号	名　称	部门属性
1	行政科	综合管理
101	厂部办公室	管理
102	财务室	财务
103	总务	保管、检验
104	成本核算科	成本核算
2	销售科	销售
3	供应科	供应
4	生产科	生产
401	第一生产车间	产品生产
402	第二生产车间	产品生产
403	修理车间	机器修理

② 职员档案如表5.3所示。

表5.3　职员档案

职员编号	职员名称	所属部门	职员属性
10101	胡枫	厂部办公室	厂长
10102	王成	厂部办公室	副厂长
10103	张洪明	厂部办公室	副厂长
10201	代保珍	财务室	财务主管
10202	李民	财务室	会计
10203	李文海	财务室	会计
10204	周州	财务室	出纳
10301	张有宝	总务	科长

（续表）

职员编号	职员名称	所属部门	职员属性
10302	王峰	总务	副科长
10303	黎明	总务	设备主管
10401	李群	成本核算科	科长
10402	杨明	成本核算科	副科长
00201	彭智	销售科	科长
00202	毛业	销售科	副科长
00301	王赐中	供应科	科长
00302	林超	供应科	副科长
40101	何全胜	第一生产车间	车间主任
40201	朱晓林	第二生产车间	车间主任
40301	李立	修理车间	车间主任

（2）往来单位。

① 客户分类如表5.4所示。

表5.4 客户分类

分类编码	分类名称
1	本地
2	外地

② 客户档案如表5.5所示。

表5.5 客户档案

客户编码	客户名称	客户简称	所属分类
201	河南无线电厂	河南无线电厂	2
202	南京无线电厂	南京无线电厂	2
203	河南商丘无线电设备公司	商丘无线电公司	2
204	吉林电器厂	吉林电器厂	2

③ 供应商分类如表所示。

表5.6 供应商分类

分类编码	分类名称
01	工业
02	商业
03	其他

④ 供应商档案如表5.7所示。

表5.7 供应商档案

供应商编码	所属分类	供应商名称	供应商简称
01001	01	长沙有色金属材料厂	长沙金属材料厂
02001	01	上海轻化公司	上海轻化公司
01002	01	浙江模具厂	浙江模具厂

（3）编辑会计科目，设置辅助核算如表5.8所示。

表5.8 会计科目表

类型	科目编码	科目名称	计量单位	辅助账类型	账页格式	余额方向
资产	1001	库存现金		日记账	金额式	借
资产	1002	银行存款		日记账、银行账	金额式	借
资产	1012	其他货币资金		日记账、银行账	金额式	借
资产	1101	交易性金融资产	股	客户往来	数量金额式	借
资产	1121	应收票据		客户往来	金额式	借
资产	1122	应收账款		客户往来	金额式	借
资产	1123	预付账款		客户往来	金额式	借
资产	1221	其他应收款			金额式	借
资产	122101	应收企业		客户往来	金额式	借
资产	122102	应收职工		个人往来	金额式	借
资产	1231	坏账准备			金额式	贷
资产	1401	材料采购			数量金额式	借
资产	140101	甲材料	千克		数量金额式	借
资产	140102	乙材料	千克		数量金额式	借
资产	140103	D材料			金额式	借
资产	1403	原材料	千克		数量金额式	借
资产	140301	甲材料	千克		数量金额式	借
资产	140302	乙材料	千克		数量金额式	借
资产	140303	D材料			金额式	借
资产	1404	材料成本差异			金额式	借
资产	140401	甲材料成本差异			金额式	借
资产	140402	乙材料成本差异			金额式	借
资产	140403	D材料成本差异			金额式	借
资产	1405	库存商品			数量金额式	借
资产	140501	A产品	件		数量金额式	借

（续表）

类型	科目编码	科目名称	计量单位	辅助账类型	账页格式	余额方向
资产	140502	B产品	件		数量金额式	借
资产	140503	C自制半成品	件		数量金额式	借
资产	1408	委托加工物资			金额式	借
资产	1411	周转材料			数量金额式	借
资产	141101	低值易耗品			金额式	借
资产	14110101	工作服	件		数量金额式	借
资产	14110102	手套	副		数量金额式	借
资产	14110103	文件柜			金额式	借
资产	141102	包装物			金额式	借
资产	14110201	出借包装物			金额式	借
资产	1411020101	铁盒	个		数量金额式	借
资产	1471	存货跌价准备			金额式	贷
资产	1501	持有至到期投资		客户往来	金额式	借
资产	150101	面值		客户往来	金额式	借
资产	150102	应计利息		客户往来	金额式	借
资产	150103	利息调整		客户往来	金额式	借
资产	1511	长期股权投资		客户往来	金额式	借
资产	1601	固定资产		部门核算	金额式	借
资产	160101	房屋及建筑物		部门核算	金额式	借
资产	160102	机器设备		部门核算	金额式	借
资产	160103	交通工具		部门核算	金额式	借
资产	1602	累计折旧			金额式	贷
资产	1604	在建工程		项目核算	金额式	借
资产	1701	无形资产			金额式	借
资产	170101	专利权			金额式	借
资产	1702	累计摊销			金额式	贷
负债	2001	短期借款			金额式	贷
负债	2201	应付票据		供应商往来	金额式	贷
负债	2202	应付账款		供应商往来	金额式	贷
负债	2203	预收账款		供应商往来	金额式	贷
负债	2211	应付职工薪酬			金额式	贷
负债	221101	应付工资			金额式	贷
负债	221102	应付福利费			金额式	贷

（续表）

类型	科目编码	科目名称	计量单位	辅助账类型	账页格式	余额方向
负债	2221	应交税费			金额式	贷
负债	222101	应交增值税			金额式	贷
负债	22210101	进项税额			金额式	贷
负债	22210102	已交税金			金额式	贷
负债	22210103	转出未交增值税			金额式	贷
负债	22210104	减免税款			金额式	贷
负债	22210105	销项税额			金额式	贷
负债	22210106	出口退税			金额式	贷
负债	22210107	进项税额转出			金额式	贷
负债	22210108	出口抵减内销产品应纳税额			金额式	贷
负债	22210109	转出多交增值税			金额式	贷
负债	222102	未交增值税			金额式	贷
负债	222103	应交营业税			金额式	贷
负债	222104	应交消费税			金额式	贷
负债	222105	应交资源税			金额式	贷
负债	222106	应交所得税			金额式	贷
负债	222107	应交土地增值税			金额式	贷
负债	222108	应交城市维护建设税			金额式	贷
负债	222109	应交教育费附加			金额式	贷
负债	222110	应交房产税			金额式	贷
负债	222111	应交土地使用税			金额式	贷
负债	222112	应交车船使用税			金额式	贷
负债	222113	应交个人所得税			金额式	贷
负债	2231	应付利息			金额式	贷
负债	2241	其他应付款			金额式	贷
负债	224101	包装物押金		客户往来	金额式	贷
负债	2501	长期借款			金额式	贷
权益	4001	实收资本			金额式	贷
权益	4101	盈余公积			金额式	贷
权益	4103	本年利润			金额式	贷
权益	4104	利润分配			金额式	贷
成本	5002	基本生产成本			金额式	借

（续表）

类型	科目编码	科目名称	计量单位	辅助账类型	账页格式	余额方向
成本	500201	A产品	件	部门核算	数量金额式	借
成本	50020101	直接材料	件	部门核算	数量金额式	借
成本	50020102	直接人工	件	部门核算	数量金额式	借
成本	50020103	制造费用	件	部门核算	数量金额式	借
成本	500202	B产品	件	部门核算	数量金额式	借
成本	50020201	直接材料	件	部门核算	数量金额式	借
成本	50020202	直接人工	件	部门核算	数量金额式	借
成本	50020203	制造费用	件	部门核算	数量金额式	借
成本	5003	辅助生产成本			金额式	借
成本	500301	材料	千克		数量金额式	借
成本	500302	工资及福利费			金额式	借
成本	500303	水电费			金额式	借
成本	5101	制造费用			金额式	借
成本	510101	工资		部门核算	金额式	借
成本	510102	福利费		部门核算	金额式	借
成本	510103	办公费		部门核算	金额式	借
成本	510104	差旅费		部门核算	金额式	借
成本	510105	运输费		部门核算	金额式	借
成本	510106	折旧费		部门核算	金额式	借
成本	510107	修理费		部门核算	金额式	借
成本	510108	劳保费		部门核算	金额式	借
成本	510109	其他		部门核算	金额式	借
损益	6001	主营业务收入	件		数量金额式	贷
损益	6051	其他业务收入			金额式	贷
损益	6101	公允价值变动损益			金额式	借
损益	6111	投资收益			金额式	贷
损益	6301	营业外收入			金额式	贷
损益	6401	主营业务成本	件		数量金额式	借
损益	6402	其他业务成本			金额式	借
损益	6403	营业税金及附加			金额式	借
损益	6601	销售费用		部门核算	金额式	借
损益	6602	管理费用		部门核算	金额式	借
损益	660201	工资		部门核算	金额式	借

（续表）

类型	科目编码	科目名称	计量单位	辅助账类型	账页格式	余额方向
损益	660202	福利费		部门核算	金额式	借
损益	660203	办公费		部门核算	金额式	借
损益	660204	差旅费		部门核算	金额式	借
损益	660205	运输费		部门核算	金额式	借
损益	660206	折旧费		部门核算	金额式	借
损益	660207	业务招待费		部门核算	金额式	借
损益	660208	职工教育经费		部门核算	金额式	借
损益	660209	工会经费		部门核算	金额式	借
损益	660210	修理费		部门核算	金额式	借
损益	660211	劳保费		部门核算	金额式	借
损益	660214	其他		部门核算	金额式	借
损益	660301	利息支出		部门核算	金额式	借
损益	660302	手续费		部门核算	金额式	借
损益	660303	汇总损失		部门核算	金额式	借
损益	660212	报刊杂志费		部门核算	金额式	借
损益	660213	财产保险费		部门核算	金额式	借
损益	6603	财务费用		部门核算	金额式	借
损益	6711	营业外支出			金额式	借
损益	6801	所得税费用			金额式	借

（4）设置凭证类别和结算方式。

① 凭证类别如表5.9所示。

表5.9　凭证类别

类　型	限制类型	限制科目
收款凭证	借方必有	1001，1002
付款凭证	贷方必有	1001，1002
转账凭证	凭证必无	1001，1002

② 结算方式如表5.10所示。

表5.10　结算方式

编　码	结算方式	票据管理标志
1	现金结算	
2	支票	
201	现金支票	√

（续表）

编　码	结算方式	票据管理标志
202	转账支票	√
3	商业汇票	
301	商业承兑汇票	
302	银行承兑汇票	
4	银行汇票	
5	其他	

（5）项目目录。

① 定义项目大类：在建工程；选择核算科目：在建工程；定义项目级次：12。

② 项目分类定义如表5.11所示。

表5.11　项目分类定义

分类编码	分类名称
1	房屋建筑物
2	机器设备

③ 项目目录维护如表5.12所示。

表5.12　项目目录维护

项目编号	工程名称	所属分类号
101	仓库	1
201	铣床	2

（6）输入期初余额并进行试算平衡。

① 2013年11月30日各总账账户余额输入数据见表4.1。

② 2013年11月30日各明细账户余额输入数据见表4.2至表4.6。

（7）对系统数据进行备份操作。

（8）填制记账凭证。

（9）审核记账凭证和出纳签字。

（10）记账。

（11）期末转账凭证定义。

（12）生成自动转账凭证并审核记账。

（13）对账和结账。

（14）查询输出各类账表。

（三）UFO报表编制

（1）调用系统报表模板为江州市吉利电器有限公司创建 “资产负债表”。

（2）调用系统报表模板为江州市吉利电器有限公司创建“利润表”，2013年1—11月损益类账户的累计发生额见表4.7。

（四）系统管理年度账处理

建立2014年年度账，并结转年度账。

附　录

现金流量表

编制单位：江州市吉利电器有限公司　　　　2013年12月31日　　　　元

项　目	本期金额	上期金额
一、经营活动产生的现金流量：		
销售商品、提供劳务收到的现金		
收到的税费返还		
收到其他与经营活动有关的现金		
经营活动现金流入小计		
购买商品、接受劳务支付的现金		
支付给职工以及为职工支付的现金		
支付的各项税费		
支付其他与经营活动有关的现金		
经营活动现金流出小计		
经营活动产生的现金流量净额		
二、投资活动产生的现金流量：		
收回投资收到的现金		
取得投资收益收到的现金		
处置固定资产、无形资产和其他长期资产收回的现金净额		
处置子公司及其他营业单位收到的现金净额		
收到其他与投资活动有关的现金		
投资活动现金流入小计		
购建固定资产、无形资产和其他长期资产支付的现金		
投资支付的现金		
取得子公司及其他营业单位支付的现金净额		
支付其他与投资活动有关的现金		
投资活动现金流出小计		
投资活动产生的现金流量净额		
三、筹资活动产生的现金流量：		
吸收投资收到的现金		
取得借款收到的现金		
收到其他与筹资活动有关的现金		

（续表）

项　目	本期金额	上期金额
筹资活动现金流入小计		
偿还债务支付的现金		
分配股利、利润或偿付利息支付的现金		
支付其他与筹资活动有关的现金		
筹资活动现金流出小计		
筹资活动产生的现金流量净额		
四、汇率变动对现金及现金等价物的影响		
五、现金及现金等价物净增加额		
加：期初现金及现金等价物余额		
六、期末现金及现金等价物余额		

单位负责人：　　　　　　　财务负责人：　　　　　　　制表人：

利润表

编制单位：江州市吉利电器有限公司　　　　2013年度　　　　元

项　目	行　次	本期金额	上期金额
一、营业收入	1		
减：营业成本	2		
营业税金及附加	3		
销售费用	4		
管理费用	5		
财务费用	6		
资产减值损失	7		
加：公允价值变动损益	8		
投资收益	9		
二、营业利润	10		
加：营业外收入	11		
减：营业外支出	12		
三、利润总额	13		
减：所得税费用	14		
四、净利润	15		
五、每股收益	16		
（一）基本每股收益	17		
（二）稀释每股收益	18		

单位负责人：　　　　　　　财务负责人：　　　　　　　制表人：

资产负债表

编制单位：江州市吉利电器有限公司　　　　2013年12月31日　　　　元

资　产	期末余额	负债和所有者权益	期末余额
货币资金		短期借款	
交易性金融资产		应付票据	
应收票据		应付账款	
应收账款		预收账款	
预付账款		应付职工薪酬	
其他应收款		应交税费	
存货		应付利息	
持有至到期投资		其他应付款	
长期股权投资		长期借款	
固定资产		负债合计	
在建工程		实收资本	
无形资产		盈余公积	
		利润分配	
		所有者权益合计	
资产总计		负债与所有者权益总计	

单位负责人：　　　　财务负责人：　　　　制表人：

利润表

编制单位：江州市吉利电器有限公司　　2013年12月　　元

项　目	行　次	本期金额	上期金额
一、营业收入	1		
减：营业成本	2		
营业税金及附加	3		
销售费用	4		
管理费用	5		
财务费用	6		
资产减值损失	7		
加：公允价值变动损益	8		
投资收益	9		
二、营业利润	10		
加：营业外收入	11		
减：营业外支出	12		
三、利润总额	13		
减：所得税费用	14		
四、净利润	15		
五、每股收益	16		
（一）基本每股收益	17		
（二）稀释每股收益	18		

单位负责人：　　财务负责人：　　制表人：

参考文献

[1] 蒋海燕，杜晓玲. 会计综合模拟实训教程[M]. 成都：西南交通大学出版社，2008.

[2] 肖长中，叶剑明. 会计综合模拟实训与指导[M]. 成都：西南财经大学出版社，2007.

[3] 刘雪清. 企业会计模拟实训教程[M]. 大连：东北财经大学出版社，2007.

[4] 裘丽娅，胡帮胜. 企业会计实验教程[M]. 天津：天津大学出版社，2009.

[5] 孙莲香，周海彬，赵连静. 企业会计模拟实战演练[M]. 北京：清华大学出版社，2005.

[6] 徐秀艺. 企业会计模拟[M]. 北京：机械工业出版社，2003.

反侵权盗版声明

举报电话：（010）88254396；（010）88258888
传　　真：（010）88254397
E-mail:　dbqq@phei.com.cn
通信地址：北京市万寿路 173 信箱
　　　　　电子工业出版社总编办公室
邮　　编：100036

尊敬的老师：

您好。

请您认真、完全地填写以下表格的内容（务必填写每一项），索取相关图书的教学资源。

教学资源索取表

书　名				作者名	
姓　名		所在学校			
职　称		职　务		讲授课程	
联系方式	电话：		E-mail：		
地址（含邮编）					
贵校已购本教材的数量（本）					
所需教学资源					
系／院主任姓名					

系／院主任：________________（签字）

（系／院办公室公章）

20____年____月____日

注意：

① 本配套教学资源仅向购买了相关教材的学校老师免费提供。

② 请任课老师认真填写以上信息，并**请系／院加盖公章**，然后传真到（010）80115555转718438上索取配套教学资源。也可将加盖公章的文件扫描后，发送到fservice@126.com上索取教学资源。

電子工業出版社
PHEI PUBLISHING HOUSE OF ELECTRONICS INDUSTRY